Edith Thabet & Chrisse Schafferhans

Rufus Regenwurm auf Reisen

Edith Thabet, geboren 1947, aufgewachsen in Wien, nach der Matura
arbeitete sie als Reisebüroangestellte und Exportsachbearbeiterin, seit 1989 als freie
Schriftstellerin. Sie ist verheiratet und hat einen Sohn.
Edith Thabet hat bereits zahlreiche Kinderbücher geschrieben, „Rufus Regenwurm
auf Reisen" ist ihr erstes, das bei Jungbrunnen erscheint.

Edith Thabet & Chrisse Schafferhans

RUFUS REGENWURM AUF REISEN

Geschichten zum Mitspielen

Jungbrunnen

Die Deutsche Bibliothek – CIP-Einheitsaufnahme

Rufus Regenwurm auf Reisen : Geschichten zum Mitspielen /
Edith Thabet. Ill. von Chrisse Schafferhans. – Wien : Verl.
Jungbrunnen, 1994
ISBN 3-7026-5665-0
NE: Thabet, Edith; Schafferhans, Chrisse

Inhalt

Spiel-Mit-Tips

1. Text vorher durchlesen und alles Nötige laut Liste zu Beginn jeder Geschichte besorgen bzw. vorbereiten. (Meist sind es ohnehin einfache Dinge, die im Haushalt zu finden sind.)

2. Falls die Kinder eigene Ideen entwickeln und in das Spiel einbringen – umso besser! Lassen Sie sich ruhig vom Reichtum der kindlichen Phantasie überraschen!
Umgekehrt bleibt es Ihnen überlassen, die Geschichten zu verkürzen, wenn Sie gerade wenig Zeit haben.

3. Die Anregungen für Zeichnungen (am Ende der Geschichten) können Sie bei Bedarf kopieren oder einfach abzeichnen lassen. Ins eigene Buch darf natürlich jedes Kind direkt hineinmalen und -zeichnen, wenn es mag.

Die Jagd nach dem Diamanten –
Rufus im Urwald Südamerikas

Wir benötigen:
1 Glas, mit Wasser gefüllt
2 Schnüre oder Wollfäden
Topf oder Schachtel
pro Kind: je drei Blätter einer alten Zeitung, zu Bällen geknüllt
(„Kokosnüsse")
ein Zeitungsblatt
eine kleine Schüssel mit exotischem Fruchtsalat (Rezept siehe unten)
Würfel und Spielfigur

Exotischer Fruchtsalat (für 2 Personen):
1 kleine Dose Ananas (oder vier Scheiben frische Ananasfrucht)
1 Banane
1 Orange
1 Eßlöffel Honig
2 Eßlöffel geriebene Wal- oder Haselnüsse
Obst in kleine Stücke schneiden, Honig untermischen,
Nüsse darüberstreuen und eine Stunde lang ziehen lassen.

Hast du Lust, Rufus Regenwurm zu besuchen? Er lebt am Rand eines Waldes, unter einem Himbeerstrauch. Jeden Morgen weckt ihn das Grillenorchester mit seinem Konzert. Kannst du es hören?

Den Zeigefinger in das Glas mit Wasser tauchen und mit dem nassen Finger über den Rand des Glases streichen.

Da kommt Rufus ja schon! Vorsichtig streckt er den Kopf aus seinem Erdloch und blickt besorgt zum Himmel empor. Aber was hat er nur? Er runzelt die Stirn! „Schon wieder eine Wolke! Ich werde vorsichtshalber gleich meinen Regenschirm aufspannen", verkündet er und tut es auch.

Direkt neben Rufus kriecht Florentina, eine wohlgenährte, behäbige Schneckendame, aus ihrem Haus und trällert vor sich hin:

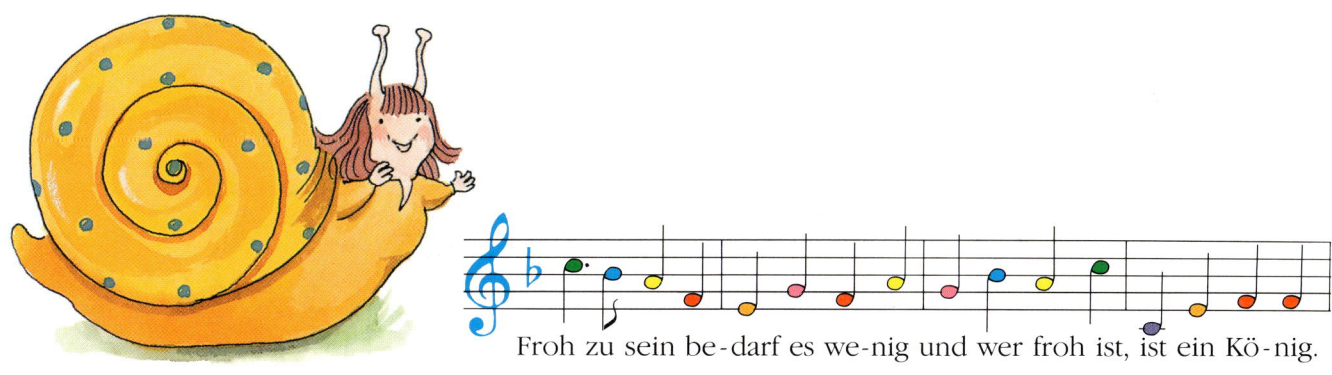

Froh zu sein be-darf es we-nig und wer froh ist, ist ein Kö-nig.

Alle singen mit!

„Soll das ein Witz sein?" schnaubt Rufus. „Wie soll denn einer froh werden, wenn er dauernd mit Regenwetter rechnen muß?"

Flip, die freche kleine Spitzmaus, die sich auf alles ihren Reim macht, kann's nicht lassen. Sie stellt sich auf die Hinterbeine und piepst wichtigtuerisch:

„Der Specht klopft es an seine Föhre,
der Hase schnitzt's in eine Möhre:
Freund Rufus mag den Regen nicht,
ist nur auf Sonnenlicht erpicht."

Kaum hat Flip ihr Gedicht beendet, passiert es: Dicke Regentropfen klatschen auf die Erde.

In die Hände klatschen und so das Geräusch der Tropfen nachahmen.

„Du bist tatsächlich ein Unglückswurm. Immer, wenn du den Kopf aus der Erde steckst, kann man sicher sein, daß es gleich Schusterjungen regnet", meint Schnecke Florentina und zieht sich wieder in ihr Haus zurück.

Trotz aller Vorsicht kollert ein Wassertropfen von Rufus' Schirm auf seine Nasenspitze. „Ha-ha-hatschi!" niest er schon und zittert vor Kälte.

Alle niesen und zittern aus Sympathie mit Rufus mit.

Verzweifelt reibt Rufus seine Nase an der Unterseite eines Farnblattes trocken.

Nasenspitzen an den Händen reiben.

„Ich wünschte, ich könnte irgendwohin fliegen, wo es immer nur warm ist", seufzt er vor sich hin.

Noch ahnt er nicht, daß der Farn ein Zauberfarn ist. Weißt du, was geschieht, wenn du deine Nasenspitze an einem Zauberfarn reibst? Nein? Rate mal!

Nun, wenn man seine Nasenspitze an einem Zauberfarn reibt und gleichzeitig einen Wunsch ausspricht, dann geht der Wunsch in Erfüllung.

Plötzlich kommt ein bunter Papagei geflogen und setzt sich neben Rufus ins Gras.

„Buenos dias, amigos! Guten Tag, Freunde! Pepito ist mein Name. Bin aus meinem Käfig getürmt. Will zurück nach Südamerika. Seee-e-h-r warm dort! Fliegst du mit?" schnarrt er.

„Ja,… das heißt: nein. Regenwürmer können nicht fliegen", entgegnet Rufus leicht verwirrt.

„Quatsch nicht, versuch es lieber!" befiehlt Pepito. Erst jetzt bemerkt Rufus, daß ihm Flügel gewachsen sind. Er flattert zuerst ein wenig und hebt dann ab.

Der Zauberfarn muß einen ganz starken Zauber besitzen, denn auch
wir haben plötzlich Flügel.

*Die Arme zur Seite strecken und sie abwechselnd heben und
senken.*

Bald holen wir Rufus und Pepito ein, fliegen über Wälder und Felder,
Dörfer und Städte. Immer höher und weiter, über das türkisblaue
Meer…
Endlich erblicken wir wieder Land unter uns. Winzige graue Flecken
– das sind Häuser. Riesige grüne Flecken – das ist der Urwald.
Mittendrin glitzert und funkelt etwas. Rufus hat es auch bemerkt. „Ein
Diamant!" schreit er. „Den will ich haben. Führ mich dorthin, Pepito!"
„Quatsch! Ich will nach Hause!" krächzt der Papagei zurück und setzt
zur Landung an – mitten im dichtesten Blattgewirr. „Adios, amigos!
Muß jetzt rasch zu meinen Lieben. Viel Spaß noch!"
verabschiedet er sich und ist auch schon verschwunden.
„Ah, wirklich schön heiß ist es hier!" stellt Rufus
zufrieden fest. „Aber wo, zum Tukan, ist der Diamant?
In welche Richtung soll ich flie-…"
In diesem Moment merkt er, daß seine Flügel verschwunden
sind. Hast du deine noch dran?
Nein, auch nicht? Macht nichts, dann gehen wir eben zu Fuß
weiter.

*Im Gänsemarsch durch das Zimmer stapfen, die Hände auf den
Schultern des Vordermannes, damit im Dickicht niemand verlo-
rengeht.*

„Halt!" warnt uns Rufus. Wir stehen am Ufer eines schlammigen
Baches.

*Die zwei Schnüre in ca. 1 m Abstand parallel
zueinander auf den Boden legen.*

Vier hungrige Krokodile schwimmen darin
und beäugen uns neugierig.

„Wo geht's hier zu dem funkelnden Glitzerdiamanten?"
erkundigt sich Rufus.

„Ganz einfach. Ihr braucht nur über den Fluß zu
schwimmen", antworten die vier Krokodile gleichzeitig
und klappern genüßlich mit den Zähnen.

Aber so dumm sind wir nicht. Wir suchen eine schmale
Stelle und springen einfach auf die andere Seite.

Über die Schnüre springen.

Jenseits des Baches gehen wir weiter. „He, paß doch auf!" ruft Rufus
plötzlich und schaut zu einer Palme hoch. Oben sitzt ein Affe und
wirft Kokosnüsse in eine verrostete Konservendose.

„Wollt ihr mitspielen?" fragt er. „Allein ist es so langweilig!" Rufus will
lieber den Weg zu seinem Diamanten wissen.

„Demjenigen von euch, der gewinnt, verrate ich ihn", lautet die Antwort.

Rufus gibt nach. „Einverstanden", sagt er.

*Die „Kokosnüsse" (=Papierknäuel) in den Topf oder die Schach-
tel werfen. Wer am öftesten trifft, hat gewonnen.*

Der freundliche Affe verrät dem Sieger, in welche Richtung wir mar-
schieren sollen.

*Der Sieger geht nun an der Spitze der Kolonne im Zimmer um-
her.*

Da hören wir plötzlich ein Rascheln im Gras. Eine Schlange! Wir bleiben sofort stehen, damit sie keine Angst bekommt und sich nicht vor
Schreck auf uns stürzt. Langsam schlängelt sie sich an uns vorbei. Aber
da liegt noch eine! Ganz reglos. Hauchdünn ist sie. Erst aus
der Nähe sehen wir, daß es nur eine Schlangenhaut ist.
Die nehmen wir zur Erinnerung mit.

*Aus einem Zeitungsblatt, außen beginnend,
immer rundherum eine ca. zwei Finger
breite Papierschlange herausreißen.
Wer als erster fertig ist, wird erster
Sieger. Wer die längste Schlange
hat, wird zweiter Sieger. Wer seine
Schlange abreißt, scheidet aus.*

„Wo ist denn nun endlich mein Diamant? Von dem vielen Krabbeln kriege ich schon ein grimmiges Kribbeln im Bauch", wimmert Rufus. Aber das Kribbeln kommt natürlich nicht vom Krabbeln, sondern… – nun, weißt du es? Genau, vom Hunger. Wie wäre es mit einem erfrischenden Fruchtsalat zur Stärkung?

Jedes Kind bekommt eine Schüssel Fruchtsalat.

Da springt Rufus auf und wird ganz zappelig: „Siehst du auch, was ich sehe?" Er quietscht vor Freude. Ja, wir sehen es auch: es glitzert und glänzt, es schimmert und flimmert. Der Diamant!
„Machen wir ein Wettrennen", schlägt Rufus vor. „Achtung, fertig, los!"

Beim Wettrennen mitspielen. Der Spielplan befindet sich auf der Innenseite des Buchdeckels vorne.

Geschafft! Aber, au wei, du lieber Papagei, das ist ja gar kein Diamant! Das ist ein See, der da in der Sonne strahlt und funkelt! Als wir darüberflogen, war er klein wie ein Edelstein und jetzt…!

„Brrr! So viel Wasser! Ich will nach Hause! Aber rasch!" verlangt Rufus. Da bleibt uns wohl nichts anderes übrig, als…

Ja, richtig! Wir suchen uns einen Zauberfarn und reiben unsere Nasenspitzen daran.
Nasen an den Händen reiben.

Es klappt! Wir haben wieder Zauberflügel! Damit fliegen wir…

Arme zur Seite strecken und abwechselnd heben und senken.

Über den Urwald… übers Meer…
über Städte und Dörfer… über Felder und Wälder und… landen sicher
neben dem Himbeerstrauch. Weg
sind die Zauberflügel!
Aber Florentina, die Schneckendame, ist wieder da. Und Flip,
die kleine freche Spitzmaus.
Sie stellt sich auf die Hinterpfoten
und piepst:

„Der Wiedehopf hopft es im Grase,
das Eichhorn pfeift es durch die Nase:
Freund Rufus ohne Diamant
kehrt heim an unsern Waldesrand.“

Rufus verträgt es nicht, wenn Flip spottet. Schon gar nicht, wenn er
müde ist. Er rutscht in sein Erdloch und fällt in einen tiefen Schlum-
mer. Dann träumt er… ja, wovon träumt Rufus denn? Was meinst du?

Diese Skizze kannst du ergänzen und ein Bild von deinem
Urwald-Abenteuer zeichnen oder malen!

Sonne, Sand und sehr viel Ruhe –
Rufus in der Wüste

Wir benötigen:
Knetmasse (braun und grün)
8 kleine Kärtchen.
Vorher zeichnen die Kinder auf jedes Kärtchen ein Ding,
das sie in die Wüste mitnehmen würden
(z. B. ein Getränk, einen Apfel, Ball, Teddybär,
Bilderbuch und ähnliches)
einige Datteln
1 Glas Milch pro Kind

Rufus Regenwurm wundert sich. Von weitem hört er ein Getrippel und Getrappel von mindestens sechstausend kleinen Füßen und ein „Gebribbel" und Gebrabbel aus tausend kleinen Kehlen. Beides kommt immer näher.

Zuerst ganz leise und dann immer lauter trippeln und trappeln und „bribbeln" und brabbeln.

Was kann das nur sein? Da sieht Rufus auch schon, was los ist: die Ameisen sind im Anmarsch!
„Platz da für die Königin!" ruft der Anführer. „Platz da für die Königin, die heute in ihren neu erbauten Hügelpalast bei der krummen Eiche einzieht!" Während Rufus überlegt, wohin er sich vor dem Ansturm der Ameisen retten soll, trampelt der ganze Zug über ihn hinweg. Rufus purzelt auf den Rücken und strampelt hilflos mit allen Gliedern.

Auf den Rücken legen und mit Armen und Beinen strampeln.

„Hihihi-huhuhu! Das kitzelt aber!" kichert und prustet Rufus. Du glaubst ihm nicht? Dann probier es doch einmal aus!

Auf den Boden setzen. Das kleinste Kind darf ein anderes auf der Fußsohle kitzeln, bis dieses „Halt!" ruft. Dann macht dieses Kind die Kitzelprobe bei einem anderen, und so weiter, bis alle dran waren. Wer hält es am längsten aus? (Langsam mitzählen oder auf die Uhr sehen.)

„Hilfe! H I L F E ! Ist denn niemand da? Flipmaus Spitz! Schneckflo Kerentina! Wo steckt ihr denn? Hihi-huhu! Floflip, Spitzschneck, so helft mir doch endlich!" jammert Rufus. Spitzmaus Flip ist sofort zur Stelle.

„Hast du da nicht eben etwas verwechselt?" fragt sie.

„Man wird doch noch ein bißchen was durcheinanderbringen dürfen, wenn man selbst ganz durcheinander ist. Oder?" verteidigt sich Rufus.

„Aber jetzt steh nicht herum, sondern tu endlich was!" Flip packt also Rufus vorsichtig mit der Schnauze und trägt ihn aus der Kitzel-Gefahrenzone.

„Dem Wurm, der zappelt bei Getrappel
wie eine windelweiche Pappel,
tut nervliche Entspannung not.
Sonst seh' ich schwarz – und er sieht rot!"

stellt Flip fest und beäugt Rufus mitleidig von der Seite. „Könnte es sein, daß ich recht habe?" fügt sie hinzu.

Rufus denkt eine Weile nach. „Ja, das könnte schon sein", bestätigt er dann. „Am besten, ich mache einmal Urlaub. In einer stillen, einsamen Gegend – in einer s e h r stillen und s e h r einsamen Gegend!" betont er.

„Dann geh doch in die Wüste. Dort gibt es nur Sand und Sand und nochmals Sand", schlägt Flip vor.

„Prima Idee! Wenn ich nur wüßte, wo sie ist, diese Wüste!"

„Frag doch Oliver Eule. Der hört alles, sieht alles und weiß alles."

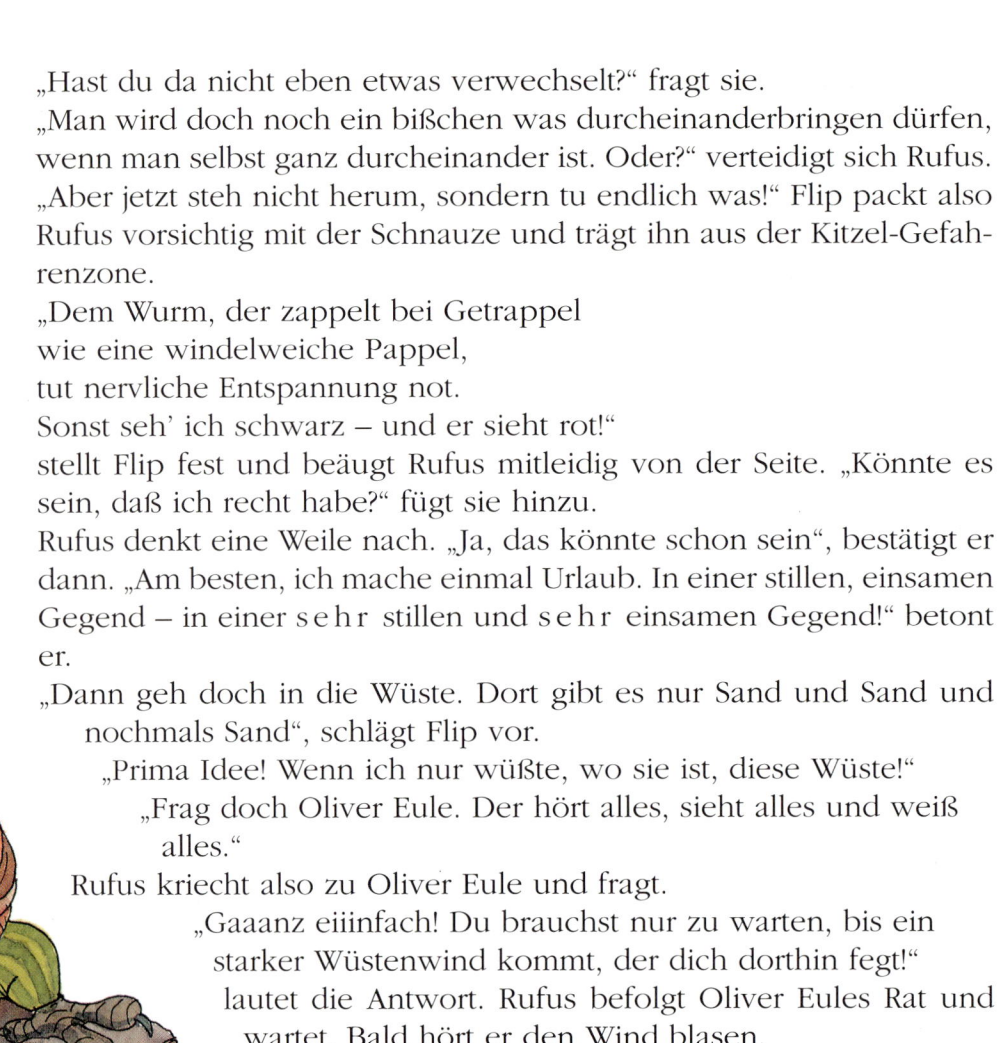

Rufus kriecht also zu Oliver Eule und fragt.

„Gaaanz eiiinfach! Du brauchst nur zu warten, bis ein starker Wüstenwind kommt, der dich dorthin fegt!" lautet die Antwort. Rufus befolgt Oliver Eules Rat und wartet. Bald hört er den Wind blasen.

So stark wie der Wind blasen!

Rufus Regenwurm läßt sich von ihm – wups! – in die Wüste tragen.

„Es ist wirklich ganz einfach. Wie ein riesenriesenriesengroßer Sprung", sagt er und freut sich. Wollen wir ihm folgen?

Einen riesengroßen Sprung machen!

Rufus ist hingerissen: Das ist genau der Ort, nach dem er sich gesehnt hat. Die Sonne scheint kräftig vom Himmel und der Wüstensand glänzt und glitzert, als wäre er aus purem Gold. Rufus vollführt einen kurzen Freudentanz und räkelt sich dann wohlig auf dem weichen Boden. Ganz locker und entspannt, bis er einschläft. Hör doch, er schnarcht sogar ein bißchen dabei!

Alle machen es Rufus nach: Zuerst vor Freude tanzen, dann entspannt auf den Boden legen und schnarchen: „Chr-chr-chr!"

Als ihn etwas in den Bauch zwickt, wird er aber rasch wieder munter.
Ein Skorpion! Da haben wir aber Glück gehabt, daß er uns nur gezwickt hat und nicht mit seinem giftigen Stachel gestochen! Rufus springt auf.

Alle springen auf.

„Ganz schön heiß hier!" stellt er fest. Von seiner Stirn tröpfelt der Schweiß. Aber der verdampft sofort in der Hitze. Rufus hält Ausschau nach einem Baum, aber weit und breit ist keiner zu sehen. „Hihihihiiii!" lacht da jemand ganz in der Nähe. Eine Hyäne! Rufus hat noch nie eine gesehen und glaubt, sie sei ein großer wilder Hund mit einem Vampir-Gebiß. Vor Schreck versteckt er sich unter einem kleinen Sandhügel und wartet, bis die Hyäne verschwunden ist.
„Nicht einmal hier hat man seine Ruhe!" stöhnt er.
Inzwischen wird es heißer und heißer, aber noch immer ist kein Baum in Sicht. Wie wär's, wenn wir einen oder mehrere Bäume pflanzten, damit der arme Rufus einen schattigen Platz findet?

Jedes Kind bastelt einen Baum aus Knetmasse.

Ja, jetzt ist es gemütlich. Das heißt – so gemütlich, wie Rufus sich das vorgestellt hat, ist es auch wieder nicht. Denn nun treibt der Wind seine Späße mit ihm. Immer, wenn Rufus die Augen schließt oder sich umdreht, bläst ihm der Wind ein Stück seines Reisegepäcks weg. Und kaum hat er es wiedergefunden, fehlt ein anderes!

Kärtchen mit der bemalten Seite nach oben auflegen. Während ein Kind sich umdreht, nimmt ein anderes (das dann aber nicht mitraten darf) oder ein Erwachsener ein Kärtchen weg und das erste Kind muß erraten, welches fehlt. Wer findet die meisten? Für diejenigen, die es gerne schwieriger haben: Kärtchen nach jedem Mal Raten anders legen als zuvor.

So etwas Dummes! Rufus' Nasenspitze färbt sich allmählich lila vor Ärger. Schließlich packt er seine Sachen wieder in die Reisetasche.

Da trottete ein Kamel vorbei. „So ein komisches Etwas wie dich hab ich noch nie gesehen! Was suchst du denn hier?" begrüßt es den vergleichsweise winzigen Wurm.

„Ich heiße Rufus Regenwurm und suche Ruhe. Verstehst du? R - U - H - E! Aber leider kann ich sie nirgends finden", antwortet Rufus.

„Ach, ich hab ganz vergessen, mich vorzustellen. Ich bin Ahmed, das Kamel. Aber eines rate ich dir: egal, was du suchst, am besten ist, du verschwindest von hier. Bevor du verhungerst und verdurstest und die Sonne ein Grillwürstchen aus dir macht! Wenn du willst, bringe ich dich zu einer Oase."

„Oase – was ist denn das?" fragt Rufus.

„Ein Stück Paradies inmitten der Einöde. Ein Ort, an dem es kühles Wasser gibt, wo süße Datteln wachsen und Ziegen weiden, die dir frische Milch schenken."

„Kühles Wasser? Süße Datteln? Frische Milch? Da komm ich mit!" ruft Rufus erleichtert.

Das Kamel geht in die Knie, damit Rufus Regenwurm leichter auf seinen Rücken klettern kann.

„Festhalten! Es geht los!" sagt es.

Auf den Boden setzen, die Beine anziehen und vor und zurück, nach links und nach rechts schaukeln.

Die Hufe des Kamels versinken im Sand, die Sonne glüht erbarmungslos vom Himmel herab.

„Da!" schreit Rufus plötzlich. „Schau nur, da vorne ist eine Oase! Ich kann bereits die süßen Datteln riechen und das Wasser seh ich auch schon!"

Tatsächlich! In der Ferne schimmert es blau und silbern. Wie ein großer See sieht das aus.

„Zu früh gefreut", sagt Ahmed, das Kamel. „Was du siehst, ist nur eine Fata Morgana."

„Was ist denn das schon wieder?" erkundigt sich Rufus.

„Eine Luftspiegelung. Oder, einfacher ausgedrückt: Luft, Sand und Sonne führen uns an der Nase herum."

Wenig später kommen sie dann zur echten Oase.

„So, hier hast du deine Datteln, Milch und Wasser", sagt Ahmed. „Wo liegen hier Datteln? Ich sehe keine", fragt Rufus.

„Weil sie nicht liegen, sondern hängen. Auf der Palme oben. Du mußt dich schon ein bißchen anstrengen, wenn du sie pflücken willst!"

Auf die Zehenspitzen stellen, abwechselnd den rechten und den linken Arm hochheben und dabei hüpfen, um die „Datteln" pflücken zu können. Anschließend im Kreis auf den Boden setzen, Früchte verspeisen und Milch trinken.

Inzwischen hat Ahmed den ganzen Brunnen leergetrunken – na ja, nicht den ganzen, aber doch einen beachtlichen Teil des Wassers, das sich darin befand. Immerhin will er zwei Wochen mit diesem Vorrat auskommen.

„Wird nämlich langsam Zeit für mich, daß ich zu meinen Menschen zurückkehre, die in den Bergen ihre Zelte aufgeschlagen haben", meint er.

Wie werden diese Menschen genannt, die in Zelten wohnen und von einem Ort zum anderen ziehen?
Stimmt genau: Beduinen oder auch Nomaden.

„Hoffentlich verläufst du dich nicht!" sagt Rufus.

„Niemals! Ich gehe immer meiner Nase nach. Auf die kann ich mich verlassen. Damit schnuppere ich Menschen schon von weitem. Also dann – mach's gut und viel Glück bei deiner Suche nach Ruhe!"

Aber Rufus hat die Ruhe, die er gesucht hat, längst gefunden: hier in der Oase, da gefällt's ihm wirklich. Und doch – irgend etwas fehlt. Was ist es nur?

Natürlich, seine Freunde sind es!

„Zu viel Ruhe macht ausgesprochen unruhig", stellt Rufus besorgt fest und wundert sich: „Hätte nie gedacht, daß ich Flip und Florentina so sehr vermissen würde."

Was bleibt ihm daher anderes übrig, als auf einen starken Wüstenwind zu warten, der ihn heimwärts bläst? Da ist er schon!

Wie der Wind, erst leicht, dann immer kräftiger blasen.

Rufus springt hoch und – wups! – landet er wieder bei seinem Himbeerstrauch.

Ebenfalls einen Riesensprung machen.

„Sieh mal einer an, wen uns der Wind da herüberweht", murmelt Schnecke Florentina vor sich hin.

Neugierig streckt Spitzmaus Flip den Kopf aus ihrem Mäuseloch.

„Unser wüstensonnenhungriger Regenwurm! Fast hätte ich dich nicht erkannt, denn du bist so braungebrannt. Oho! Ich freu mich ja so, daß du wieder zurück bist. Ohne dich war es viel zu still hier. So viel Ruhe hält keine Maus aus. Soll ich dir etwas verraten? Nicht einmal die Dichtkunst hat mir Spaß gemacht", ruft sie Rufus zu.

„Ist das ein Kompliment oder nicht?" fragt der zurück.

„Ich glaub schon. Oh, ja, das glaub ich wirklich – aber jetzt freut sie mich wieder!" versichert Flip und legt auch schon los:

„Den Wurm, der roh sucht Rast und Ruh'
bräunt Wüstensonnenglut im Nu
höchst knusprig. Womit nun feststeht:
wer rastet, wird sehr schnell geröstet."

„Wie recht du hast", seufzt Rufus beglückt. Denn er ist so froh, wieder bei seinen Freunden zu sein, daß er
den Spott in Flips Gedicht gar
nicht bemerkt.

Zeichne Rufus Regenwurm bei seinem Urlaub in der Wüste!

Die Helden der Geisterstadt –
Rufus im Wilden Westen

Wir benötigen:
1 Papprolle (z. B. das Innere einer Küchenrolle)
2 Stühle
1 Joghurtbecher (leer)
2 Würfel
1 Bleistift pro Kind
2 Zettel pro Kind
1 Gespenst pro Kind
silberfarbene und goldfarbene Münzen oder Bonbons (mindestens
1 Stück pro Kind vorher verstecken!)

Gespenst:
Zuerst ein Blatt Papier zu einem Ball knüllen (Skizze 1). Einen hellen,
einfarbigen Stoffrest (ca. so groß wie ein Kopftuch) darüberlegen. Mit
einem 30 cm langen Stück Einziehgummi festbinden, damit der Ball
(= Kopf des Gespensts) nicht herausfällt. Das eine Ende dabei lang
lassen, damit man das Gespenst daran tanzen lassen kann (Skizze 2).
Mit Filzstiften ein Gesicht aufmalen (lustig, traurig,…) (Skizze 3).

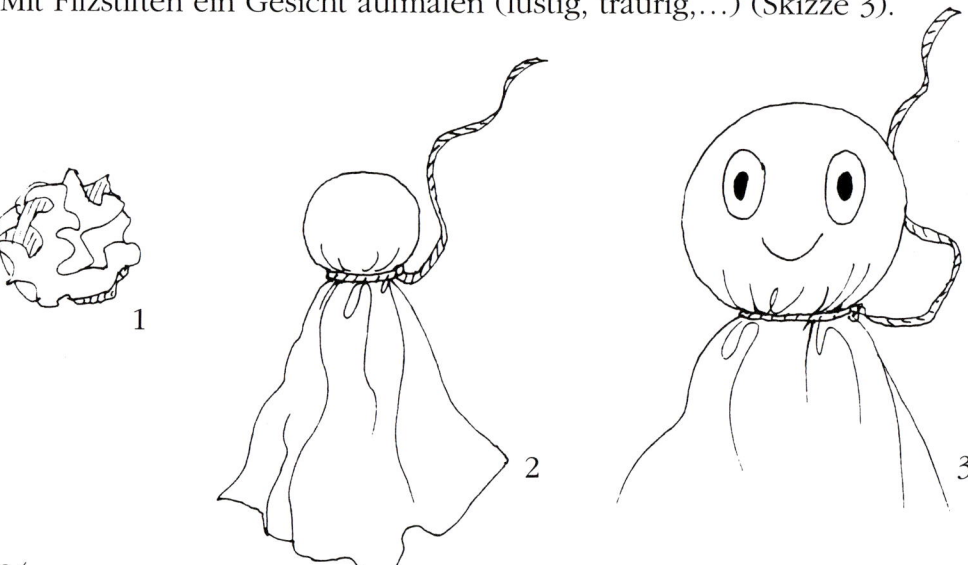

Eines Morgens, als Rufus erwacht, spürt er ein seltsames Jucken in den Gliedern. Er hat das Gefühl, daß er laufen muß. Und weil er nicht weiß, wohin er laufen soll, zappelt er unschlüssig hin und her.

Hin und her laufen und dabei zappeln.

„He, he! Nun mal langsam. Du rennst mich ja mitsamt meinem Haus um. Was ist denn heute los mit dir?" beklagt sich Schnecke Florentina.
„Keine Ahnung. Mir ist heute so sonderbar zumute. So sonderbar lustig. Ich meine: so sonderbar abenteuerlustig."
Weil er Florentina mit seiner Abenteuerlust aber nicht belästigen will, läuft er nicht mehr hin und her, sondern vor und zurück.
Da passiert es: er stößt an etwas Hartes, Rundes. Ein Fernrohr!
Neugierig, wie er nun einmal ist, schaut Rufus durch. Und was sieht er? Eine Wiese, auf der eine Rinderherde weidet. Was noch?

Durch das „Fernrohr" schauen und erzählen, was man „sieht".

Rufus entdeckt noch etwas: einen Wegweiser mit zwei Pfeilen. Auf dem einen steht: „Ghost City/Geisterstadt" und auf dem anderen: „Zur Gold- und Silbermine."
„Das muß der Wilde Westen Amerikas sein! Trifft sich gut, wo ich doch gerade so abenteuerlustig bin!" quietscht Rufus vor Vergnügen und schickt sich an, durch das Fernrohr zu kriechen. Das gelingt ihm auch, weil es nämlich ein Zauberfernrohr ist.
Möchtest du wissen, wie es Rufus im Wilden Westen ergeht? Dann kriech ihm doch nach!

Die beiden Sessel mit den Sitzflächen zueinander stellen, unten durchkriechen.

„Halt! Warte! Ich möchte auch mit!" ruft Flip, die Spitzmaus.
„Oh, du liebes Radieschen, diese Abenteuerlust scheint ja eine höchst ansteckende Krankheit zu sein. Da muß ich zusehen, daß ich mich rasch aus eurer Nähe entferne", sagt Schnecke Florentina. Mit einem Ruck zieht sie sich in ihr Haus zurück und läßt sich ein Stück bergab rollen.
Das Zauberfernrohr funktioniert tatsächlich! Wir stehen nun auf der Wiese, die wir soeben noch von weitem gesehen haben. Die Rinder grasen friedlich weiter.

„Schau her, ich reite wie ein echter Cowboy!" ruft Rufus Flip zu. Er nützt den Augenblick, in dem das Rind den Kopf senkt, um zu fressen, und klettert hinauf. Doch als er zu den Nüstern kommt, muß das Rind niesen –

Alle niesen mit.

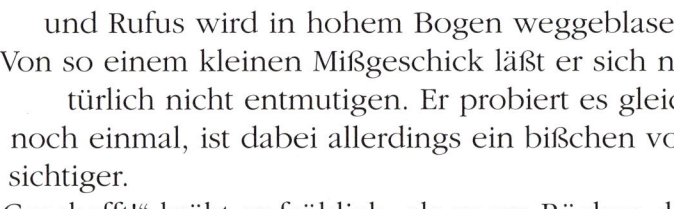

und Rufus wird in hohem Bogen weggeblasen. Von so einem kleinen Mißgeschick läßt er sich natürlich nicht entmutigen. Er probiert es gleich noch einmal, ist dabei allerdings ein bißchen vorsichtiger.

„Geschafft!" kräht er fröhlich, als er am Rücken des Rindes ankommt. Doch gleich darauf vergeht ihm Hören und Krähen, denn er hat sich leider ein besonders kitzliges Tier ausgesucht. Es bäumt sich auf, schlägt mit den Hinterbeinen aus und schüttelt Rufus hin und her, daß ihm ganz schwindlig wird.

Möchtest du auch einmal versuchen, auf einem Rind zu reiten?

Ein Erwachsener sitzt auf einem Stuhl und läßt ein Kind nach dem anderen auf seinem Bein „reiten". Wer kann sich am längsten auf dem Rücken des wilden Stiers halten?

Spitzmaus Flip versucht es erst gar nicht. Sie zieht es vor, sich über Rufus lustig zu machen. Das fällt ihr entschieden leichter.

„Klein Rufus mit dem Cowboy-Tick
hopst erst Zickzack und dann Zackzick.
Mehr will ihm heute auch nicht glücken,
denn Rinderrücken haben Tücken."

„Wenn du es besser kannst, zeig mir doch, wie es geht! Oder fürchtest du dich vielleicht vor großen Tieren?" sagt Rufus.

Flip beteuert zwar, daß sie keine Angst hat. Aber daß es sie plötzlich und dazu noch ganz dringend zur Geisterstadt zieht, ist doch ein wenig auffällig.

„Bist du sicher, daß eine Stadt voller Geister das Richtige ist für so ängstliche Wesen, wie du eines bist?" fragt Rufus.

„Lieber Freund", entgegnet Flip spitz, „eine Geisterstadt heißt so, weil die Bewohner längst ausgezogen sind und nicht, weil dort Gespenster hausen."

„Kann man nie wissen, bevor man dort war", meint Rufus.

26

Die Holzhäuser von „Ghost City"
sehen recht verfallen aus. Bei einigen fehlt das Dach. Die Glasscheiben
der Fenster sind zerbrochen. Rufus und
Flip sehen sich alles ganz genau an.
Was, meinst du, entdecken sie alles
bei ihrem Rundgang?

*Beschreiben, wie die Häuser aus-
sehen, welche Dinge die Bewohner zurückgelassen haben, welche
Tiere sich inzwischen dort ein-
genistet haben.*

Wir befinden uns gerade vor dem ehemaligen Kauf-
haus. Schräg gegenüber war die Bank, wie auf dem
Schild über dem Eingang zu lesen ist. Der Kirchturm steht
auch noch. Und dort drüben, das muß der Spielsalon gewesen
sein.
„Spielst du mit mir?" fragt Flip.
„Gern. Bin sicher, daß heute mein Glückstag ist", antwortet Rufus.
Möchtest du auch mitspielen?

Zettel, Bleistift, Becher und Würfel bereithalten.

„Wir nehmen einen Becher und zwei Würfel und würfeln um die
Wette. Wer bei einem Wurf eine Sechs dabei hat, malt einen Stern auf
seinen Zettel. Für zwei gleiche Zahlen gibt es zwei Sterne", erklärt
Rufus die Spielregeln.
„Und wenn ich zwei verschiedene Punktezahlen und keine Sechs
habe?" erkundigt sich Flip.
„Dann hast du Pech. Das bringt keinen Stern. Gewonnen hat, wer
nach zehn Runden die meisten Sterne auf seinem Zettel hat."

*Bei mehr als drei Mitspielern: zwei Gruppen bilden (oder auch
mehr).*
*Gößere Kinder können die Spielregeln ändern: es gibt keine
Sterne. Dafür werden die gewürfelten Punktezahlen addiert.*

Rufus gewinnt und Flip ärgert sich.
„Huhuuuh! Hihihiiii!" tönt es aus dem Nebenzimmer. Flip zuckt zusammen. „Was war das?" fragt sie.

„Weiß nicht, aber die Stimmen klingen schaurig. Vielleicht gibt es ja doch Gespenster hier!" meint Rufus.

„Unsinn", protestiert Spitzmaus Flip.

Aber Rufus hat recht! Im nächsten Augenblick sind die beiden Freunde von einer ganzen Horde von Geistern umringt.

Gespenster holen, sie tanzen und Unfug treiben lassen.

Schließlich wird Flip und Rufus dieser Ort doch zu unheimlich. Sie flüchten aus dem Spielsalon und laufen zur Gold- und Silbermine. Wir laufen ihnen nach und kommen zu einem Hügel. Ein Schacht führt ins Innere. Wir sind neugierig und kriechen hinein.

Unter den beiden Stühlen durchkriechen.

Ob sich die Suche noch lohnt? Vielleicht finden wir hier sogar noch einen Schatz?!

Münzen (Bonbons) suchen.
Bei mehreren Kindern: Wer das meiste Gold und Silber entdeckt hat, darf alles verteilen. Jeder bekommt gleich viel. Schließlich hat sich auch jeder gleich viel Mühe beim Suchen gegeben, nicht wahr?

Plötzlich hören wir Stimmen.

„Was ist denn das für ein Höllenlärm?" wimmert Rufus, krümmt sich und hält sich die Ohren zu. Wir wissen es: Es sind Schreie von Indianern. Die Indianer kommen näher. Zur Begrüßung stimmen alle in das Geheul mit ein.

Ein langgezogenes „aaaaa" rufen, dabei rasch hintereinander mit der Hand auf den Mund schlagen.

Die Indianer sehen prächtig aus in ihren Lederanzügen mit Fransen und dem Federschmuck, den sie auf dem Kopf tragen.

Direkt vor uns bleiben sie stehen und grüßen freundlich. Ihr Anführer richtet das Wort an uns:

28

„Ich heiße ‚Rote Feder'. Wir sind gerade auf Fährtensuche. Wollt ihr uns helfen?"

Rufus ist am tüchtigsten. Er findet drei Spuren, weiß aber nicht, von welchen Tieren sie stammen. Weißt du es?

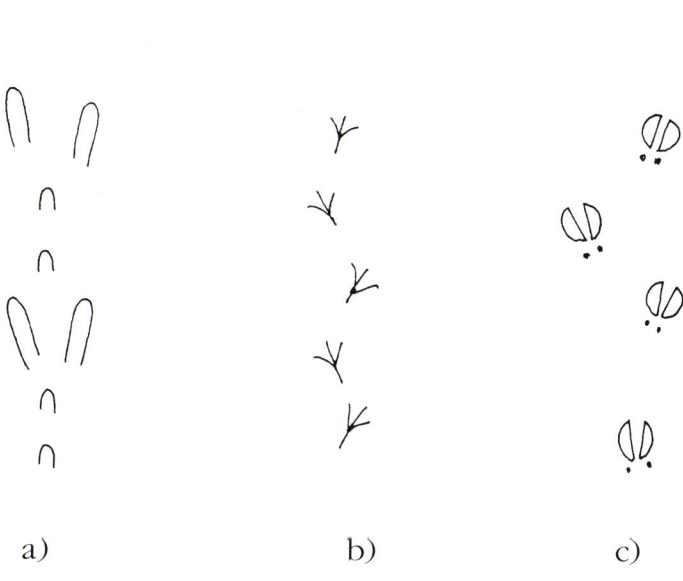

a)   b)   c)

a) ist die Spur eines ……… (Hasen)
b) ist die Spur eines ……… (Vogels, und zwar: Krähe)
c) ist die Spur eines ……… (Rehs)
Die Spuren auf einem Zettel nachzeichnen.

„Rote Feder" bedankt sich herzlich und zieht mit seinen Leuten in den Wald hinein.

„Hoppla, was ist denn das?" wundert sich Rufus, der schon wieder an etwas Hartes, Rundes gestoßen ist. Es ist unser Zauberfernrohr! Rufus äugt hinein und sieht Schnecke Florentina und Oliver Eule. Was die beiden wohl machen?

Erzählen, was Florentina und Oliver Eule gerade tun.

Rufus wäre gerne noch eine Weile im Wilden Westen geblieben, aber Spitzmaus Flip bekommt plötzlich starkes Heimweh und läuft durch

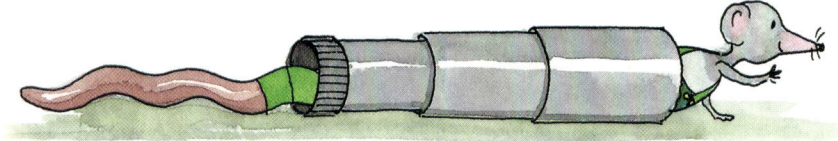

das Fernrohr nach Hause. Und weil Rufus einsieht, daß auch das abenteuerlichste Abenteuer allein nur halb so spannend ist, krabbelt er hinterher. Weil wir die beiden nicht allein lassen wollen, folgen wir ihnen.

Unter den zwei Stühlen durchkriechen.

„Und – wie war's? Hat sich der Ausflug gelohnt?" erkundigt sich Schecke Florentina.
„Was heißt gelohnt? Er war einfach phan-ta-stisch! Ah, was sag ich… ICH war phantastisch!" schwärmt Spitzmaus Flip. „Übrigens: Rufus kann von Glück reden, daß er mich mitgenommen hat!"
„Wieso denn das?" wundert sich Rufus.
Als Antwort verfaßt Spitzmaus Flip ein Gedicht:
Kühn zähm' ich alle rüden Rinder,
bis sie sanft wie Hasenkinder
neben mir im Grase knien.
Wenn mich sehen die Gespenster,
flüchten alle gleich durchs Fenster,
weil ich doch die Stärkste bin.
Genial ist auch mein Scharfsinn,
bringt beim Würfeln mir Gewinn –
weil ich auch die Klügste bin.
Meine Nase ist die beste,
schnuppert Gold- und Silberreste
und führt mich zu Fährten hin.
,Bravo, Wildwestmausheldin, du!'
lobt ihr, doch ich hör nicht zu,
weil ich so bescheiden bin!

Na, was sagt ihr, ist das nicht ein Gedicht von einem Gedicht? Ihr müßt schon verzeihen, daß es ein wenig länger ausgefallen ist als üblich, aber so viel Heldentum läßt sich eben nicht in vier Zeilen unterbringen. Stimmt's?"quiekt Flip beifallheischend.

„Stimmt überhaupt nicht. Für meinen Geschmack hast du eine Prise Phantasie zu viel erwischt – höflich ausgedrückt", meint Rufus.

„Tu dir keinen Zwang an, sag frisch von der Leber weg, was dir daran nicht paßt", bittet Flip mit leicht gekränktem Unterton.

„Also, frisch von der Leber weg gesagt, meine ich,…daß…"

„Nun, sag schon. Du weißt, ich bin nicht empfindlich."

„Na gut, du hast es so gewollt: das Ganze ist von A bis Z erstunken und erlogen."

„Wiiiie? Waaaas? Das ist dichterische Freiheit, davon verstehst du nichts!" schreit Flip aufgebracht und will sich auf Rufus stürzen.

Oliver Eule tritt im letzten Moment besänftigend zwischen die beiden Streithähne. „Ohuuuu!" heult er warnend.

„Entschuldige, Rufus, du hast ja recht. Ich habe ein bißchen übertrieben", gibt Flip nach.

„Dafür bist du im Dichten einsame Klasse", antwortet Rufus und zwinkert Oliver Eule zu.

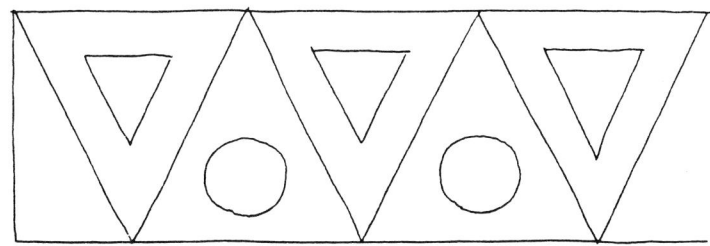

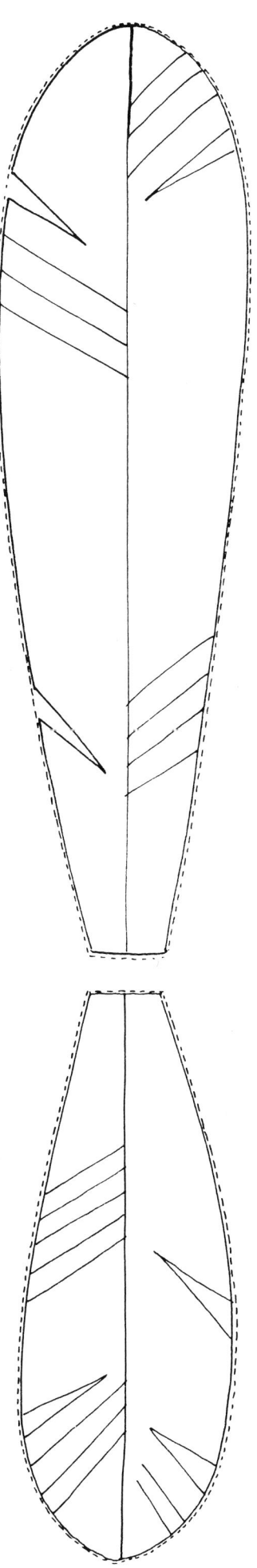

Zum Abschluß einen Indianer-Kopfschmuck basteln:

Das ist überhaupt nicht schwierig. Man braucht dazu nur ein Blatt weißes Papier (für die Federn) und einen Kartonstreifen, der etwas länger ist, als der Kopfumfang.

Den Kartonstreifen (ca. 3 cm breit) kann man bunt bemalen: mit Streifen, Kreisen, Dreiecken oder Zickzack-Mustern. Die „Federn" einfach hier abpausen, und zwar: die große Feder einmal, die kleine zweimal. Der gestrichelten Linie entlang ausschneiden.

Jetzt braucht man nur noch den Kartonstreifen entsprechend der Kopfgröße zusammenzukleben und die drei Federn – die größte in der Mitte – an der Innenseite des Streifens anzukleben. Fertig!

Ein zauberhaftes Fest –
Rufus in Indien

Wir benötigen:
1 großes Kopftuch pro Person
1 Schnur, ca. 3 m lang
1 Flöte (falls vorhanden)
1 Papierschlange (vorher basteln)

Papierschlange:
1 Strohhalm
2 bunte Papierstreifen, ca. 1 cm breit und 1 m lang
2 Wollfäden, ca. 20 cm lang
1 Papierrest, Klebstoff
Die beiden Papierstreifen laut Skizze aneinanderlegen und so lange falten, bis die Streifen aufgebraucht sind (immer abwechselnd umbiegen). Die Enden festkleben.
Aus einem Papierrest einen Kopf schneiden, Augen und Mund der Schlange aufmalen. An einem Ende des Schlangenkörpers aufkleben. Die Schlange mit beiden Wollfäden am Strohhalm befestigen.

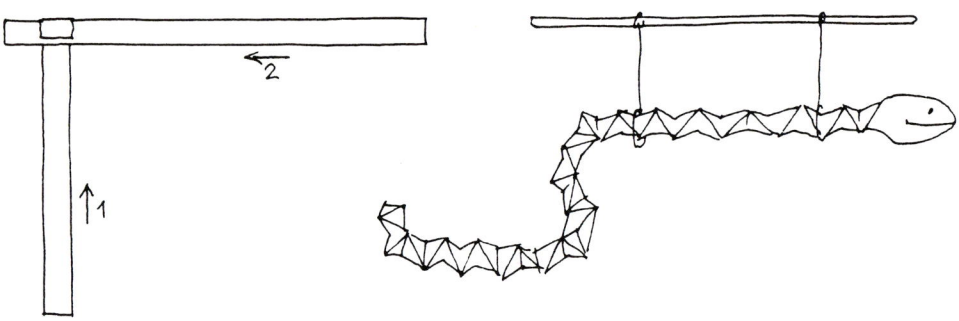

Spitzmaus Flip murmelt schon eine ganze Weile unverständliches Zeug in ihren Mäusebart.

„Was hast du gesagt?" fragt Rufus. Er fragt noch ein zweites, drittes, viertes und sogar ein fünftes Mal. Endlich bekommt er Antwort. „Stör mich nicht. Ich lerne gerade zaubern!" fiepst Flip.

„Zaubern? Soso. Warum zauberst du nicht laut, damit ich es auch lernen kann?" will Rufus wissen.

„Ach, weißt du, zaubern kann nicht jeder und es soll's auch nicht jeder können. Aber weil du es bist, werde ich dir gerne ein Kunststück vorführen. Halt die Daumen, daß es klappt. Achtung… aufgepaßt!"

Schnecke Florentina, die der Unterhaltung gelauscht hat, steckt sofort ihren Kopf ins Haus. „Sicher ist sicher", denkt sie.

Flip trägt inzwischen einen magischen Spruch vor:

„Unkel munkel fiese Huxte
molle Zwolle griese Buxte
wusel schnusel Sausewusch
gogel mogel Brauseflusch."

Kaum ist sie damit fertig, fällt – schwups – ein fliegender Teppich zu Boden. Direkt neben dem Himbeerstrauch.

„Wo wann wer warum wieso weshalb was soll denn das sein?" stammelt Flip erschrocken.

„Was hätte es denn werden sollen?"

„Eine rosa Taube", versichert Flip.

„Nun ja. So groß ist der Unterschied zwischen einer rosa Taube und einem roten Zauberteppich auch wieder nicht", tröstet sie Rufus. „Beide können fliegen. Mal sehen, wo er uns hinbringt."

„Du meinst: wo er dich hinbringt. Ich kann nämlich nicht mitkommen, falls du das glaubst, ich hab' nämlich keine Zeit, scheint, daß ich noch ein wenig üben sollte. Gute Reise!" sagt Flip.

In Wirklichkeit kommt sie nicht mit, weil sie ihren Zauberkräften nicht so recht traut und Angst vor dem hat, was ihr Spruch möglicherweise sonst noch bewirkt.

Florentina reckt ihren Kopf aus dem Haus: „Tu's nicht. Bleib lieber hier", warnt sie Rufus und zieht dann den Kopf ganz rasch wieder ein.

Zu spät. Rufus sitzt auf dem Teppich, der erst zu schnurren und dann zu schweben beginnt. Sollten wir ihn vielleicht begleiten und auf ihn aufpassen, damit sich Florentina keine Sorgen mehr zu machen braucht?

Das Kopftuch ausbreiten.

Im letzten Augenblick gelingt es uns, auf den Teppich aufzuspringen.

Auf das Kopftuch springen, hinknien und auf die Fersen setzen.

„Vorsicht! Jetzt kommt eine Linkskurve!" kreischt Rufus.

Links von den Beinen auf den „Teppich" setzen (ohne mit den Händen nachzuhelfen).

„Und jetzt eine scharfe Rechtskurve!" ruft er.

Rechts von den Beinen auf den „Teppich" setzen.

„Und gleich noch einmal: links – rechts – links – rechts!" kommandiert Rufus, während wir über die Dächer der Städte und Dörfer fliegen, über die Wolken, immer weiter in Richtung Osten.
„Wie im Märchen!" schwärmt er.
In Windeseile – ach was, viel schneller noch! – überqueren wir ein Land nach dem anderen. Bis wir schließlich im Garten eines Palastes landen. Was für ein Gedränge hier herrscht! Die Männer tragen Turbane auf den Köpfen, die Frauen sind in lange, seidene Gewänder gehüllt. Kein Zweifel: Wir befinden uns in Indien.

Die Mädchen binden ihre Kopftücher wie Schärpen um (als „Sari"), die Jungen wickeln sie wie einen Turban um den Kopf.

„Was ist denn hier los? Warum sind alle Leute so aufgeregt?" fragt Rufus. Als Antwort ertönt ein fürchterliches Knurren. Es kommt aus dem Rachen eines Tigers, der nervös in einem Käfig hin- und hertrottet.

Wie ein Tiger knurren und dabei im Zimmer auf und ab gehen.

Rufus fängt zu zittern an, als hätte er einen gewaltigen Schüttelfrost. Der Tiger bettelt: „Laß mich frei, edler Fremdling! Heute heiratet die Tochter des Maharadschas und es wird ein rauschendes Fest gefeiert, bei dem ich nicht fehlen möchte. Du brauchst keine Angst vor mir zu haben, ich bin zahm und tu dir nichts zuleide!" Vor Sehnsucht nach der Freiheit brüllt der Tiger ganz laut.

Laut brüllen.

„Ist schon gut. Ich versuche es", beruhigt ihn Rufus. Er klettert zum Vorhängeschloß des Käfigs, beugt sich ins Schlüsselloch hinein und boxt nach allen Seiten.

Nach allen Seiten boxen.

„Klick", macht es plötzlich und das Schloß springt auf.
„Das werde ich dir niemals vergessen, pfiffiger Fremdling. Dafür trage ich dich überallhin, wohin dein Herz begehrt."
„Meine Freunde nennen mich Rufus."
„Und ich bin Sahib, der Herr des Dschungels. Wohin darf ich dich bringen?"
„Zu den Schlangenbeschwörern. Die wollte ich immer schon kennenlernen. Es gibt doch welche bei eurem Fest?" fragt Rufus.
Sahib nickt. „Dein Wunsch ist mir Befehl."
Im nächsten Augenblick stehen wir vor einer Gruppe von Männern, die im Türkensitz vor einem Korb hocken. In den Händen halten sie Flöten. Sobald sie darauf zu spielen beginnen, taucht aus dem Korb eine Schlange auf. An ihrem breiten, flachen Kopf und an der Zeichnung, die darauf zu sehen ist, erkennen wir, daß es sich um eine Brillenschlange, eine Kobra, handelt. Im Takt der Melodie wiegt sie ihren Körper hin und her und im Kreis. Es sieht aus, als würde sie zur Musik tanzen.

Die Schlangen am Strohhalm festhalten und tanzen lassen.
Wenn eine Flöte zur Hand ist, kann jemand darauf spielen.

„Jetzt will ich einem Fakir zusehen", verlangt Rufus nach einer Weile. Sahib macht einen großen Satz und bringt ihn zu einem Mann, der gemütlich auf einem Brett voll spitzer Nägel liegt, als wäre es ein Himmelbett.
„Möchte bloß wissen, wie er das macht", staunt Rufus. Er selbst ist vor einigen Wochen aus Versehen auf eine Distel gefallen und krümmt sich immer noch vor Schmerzen, wenn er an die zahlreichen Stiche denkt, die ihm dieser Unfall eingetragen hat.
„Der Fakir ist auch Meister im Yoga", erzählt Tiger Sahib.
„Yoga? Nie gehört. Ist das was zu essen?" will Rufus wissen.
„Aber nein. Yoga ist die Kunst, mit der Kraft der Gedanken den Körper zu beherrschen", erklärt Sahib.
„Klingt kompliziert."

„Nicht unbedingt. Du kannst es Schritt für Schritt lernen. Schau doch, der Fakir zeigt gerade einige einfache Übungen vor."
„Da mach ich mit!" schreit Rufus begeistert und verrenkt seine Glieder in alle Richtungen.
„Doch nicht so. Du mußt schon etwas genauer hinsehen, wenn du es richtig machen willst", sagt Sahib.

Rufus vorzeigen, was er machen soll.

„Der Fakir erklärt alles ganz genau: „Zuerst setzen wir uns im „Lotussitz" auf den Boden. Dabei kreuzen wir die Beine wie im Türkensitz. Wer es schwieriger mag, kann den rechten Fuß auf den linken Oberschenkel legen und den linken Fuß auf den rechten Oberschenkel. Dann die Hände auf die Knie legen und ruhig ein- und ausatmen."
Der Fakir ist sehr zufrieden mit Rufus und uns. „Und nun zur zweiten Übung", sagt er. „Im Stehen die Beine leicht spreizen. Einatmen und dabei die Arme zur Seite strecken, mit den Handflächen nach oben. An dieser Stellung ändert sich auch nichts, wenn wir jetzt – beim Ausatmen – den Oberkörper abwechselnd langsam nach links beugen und dann nach rechts, bis die Finger die Zehen berühren. Wunderbar", lobt der Fakir und kommt zur dritten und letzten Übung:
„Auf den Rücken legen und die Arme neben dem Körper ablegen. Langsam ausatmen und dabei beide Beine in die Höhe strecken. Dann die Beine langsam über den Kopf nach hinten senken, bis sie den Boden berühren."
„Alles klar", nickt Rufus. Nach dem Ende der Yoga-Vorführung zählt er seine Glieder nach, ob ihm auch keines verlorengegangen ist. „Alle vollzählig", stellt er schließlich zufrieden fest.
„Wohin darf ich dich jetzt führen, mein Gebieter?" fragt Sahib.
„Zu den Seiltänzern dort drüben, wenn's recht ist", antwortet Rufus. Geschmeidig und flink bahnt sich Sahib einen Weg durch die Menge. Zwischen zwei Bäumen ist ein Seil gespannt. Was die Artisten dort vorzeigen, raubt den Zuschauern den Atem. Hoch über dem Erdboden balancieren sie von einem Ende des Seils zum anderen.
„Das kann ich auch", behauptet Rufus und ringelt sich am Baum hoch. Dann kriecht er vorsichtig auf das Seil und krabbelt daran entlang, auf die andere Seite hinüber! Sollen wir es auch probieren?

Schnur auf den Boden legen, darauf balancieren, Arme dabei zur Seite strecken.

„Bravo!" grölt Sahib und winkt mit seinen Tatzen.

Die Artisten führen bereits das nächste Kunststück vor: sie trippeln bis zur Mitte des Seils, drehen dort um und kehren zum Ausgangspunkt zurück.

Einer der Seilkünstler balanciert nun im Rückwärtsgang von einer Seite zur anderen.

Die Kunststücke nachmachen.

Aber jetzt kommt der absolute Höhepunkt: ein Salto mortale!

Alle Zuschauer sind mucksmäuschenstill. Der Artist konzentriert sich. Dann nimmt er Schwung und… jawohl, der Salto mortale ist ihm geglückt!

„Wer wagt es, dieses gefährliche Kunststück nachzumachen?" fragt er.

Rufus meldet sich als erster und – ja, es gelingt ihm!

„Wer möchte noch?" erkundigt sich der Seiltänzer und schaut in die Runde.

Wie wär's? Es ist ganz einfach: Bis zur Mitte des Seils gehen, Purzelbaum schlagen, weiterbalancieren bis zum Seilende.

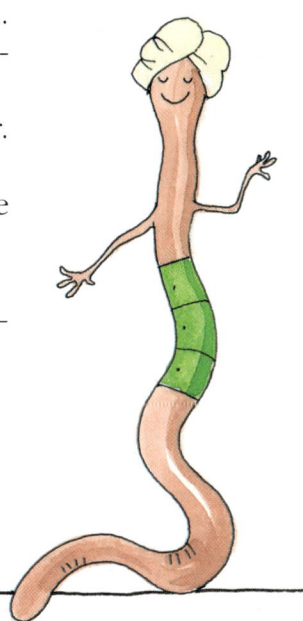

„Huch, bin ich m-ü-d-e", gähnt Rufus Regenwurm. „Wie schön wäre es, wenn ich jetzt im Schatten meines Himbeerstrauchs ein Nickerchen halten könnte! Hat der Maharadscha noch eine Tochter?"

„Er hat noch drei Töchter und vier Söhne", sagt Sahib, der Tiger.

„Prima. Wenn die nächste Hochzeit ist, komme ich wieder. Ganz bestimmt. Aber jetzt bring mich bitte nach Hause auf meine Wiese, zu Flip und Florentina."

„Das steht leider nicht in meiner Macht. Wie dir vielleicht bekannt ist, zählen Tiger nicht zu den geflügelten Wesen. Aber wenn du willst, kann ich den fliegenden Teppich mit einem Zauberspruch ankurbeln, damit er dich in deine Heimat zurückbringt."

„Oh ja, tu das!"

„Saris" und „Turbane" auflösen und Kopftücher auf den Boden legen.

„Rüttel schüttel Koriander
Nudel Strudel Sesamkern
wirbeln alles durcheinander
Teppich flieg von nah nach fern!"
brummt Sahib vor sich hin.

Doch irgend etwas an diesem Spruch muß falsch gewesen sein, denn der Teppich ist keineswegs startbereit. Dafür stehen etliche Teller und Schüsseln darauf, aus denen es herrlich duftet und dampft.

„Verzeihung, mein Gebieter, da muß mir wohl bei der Auswahl des Spruches ein Fehler unterlaufen sein. Aber vielleicht erfreut das, was sich in diesen Schüsseln verbirgt, dein Herz und deinen Magen."

„Riecht jedenfalls nicht schlecht", meint Rufus, dem das Wasser im Mund zusammenläuft. „Was ist denn da drin?"

Sahibs Augen funkeln voller Seligkeit. „Die erlesensten Spezialitäten des Dschungels", schwärmt er, „Papageienfedersuppe mit echten Krokodilstränen gewürzt, gedünstete Wildschweinschwänze auf sumpfigem Schilfgemüse, und als Nachspeise ausgetrocknete Honigwaben mit rohen Termiten bestreut. Möge das Mahl dir munden."

„Sei bedankt, aber… ich glaube,… das bring ich nicht… übers Herz", stottert Rufus. „Auch möchte ich dich… unter keinen Umständen berauben… Außerdem… hab' ich keine Zeit mehr, ja wirklich, ich glaube, ich muß ganz, ganz dringend nach Hause. Wenn es dir nicht allzu viel Mühe macht, wäre ich dir sehr dankbar, wenn dir nun der richtige Heimreisezauberspruch einfiele."

Sahib läßt enttäuscht die Schultern hängen. Aber er probiert es noch einmal:

„Rumpel pumpel in den Quasten
mottel zottel List und Tück'
federleicht sind deine Lasten
Teppich flieg nach Haus zurück!"

Diesmal klappt es. Die Teller und Schüsseln verschwinden, der Teppich schnurrt. Sahib zerdrückt noch einige echte Tigertränen zum Abschied, Rufus und wir setzen uns auf den fliegenden Teppich.

Auf das Kopftuch setzen.

Und ab geht es, in Richtung Westen, über die Wolken und über die Dächer der Städte und Dörfer.
„Achtung, Linkskurve!" schreit Rufus.

Rechts von den Beinen auf den „Teppich" setzen.

„Und noch einmal: rechts – links – rechts – links!" sagt Rufus.
In Windeseile – ach was, viel schneller noch! – überqueren wir ein Land nach dem anderen, bis wir schließlich auf der Wiese unter dem Himbeerstrauch landen.
Sofort kommt Spitzmaus Flip gelaufen, dicht gefolgt von Schnecke Florentina. Beide sind sehr aufgeregt.
„Rette dich, solange du noch kannst!" keucht Florentina Rufus zu.
„Ich hab's, Rufus, hör nicht auf sie. Ich hab's!" piepst Flip.
„Was hast du denn?"
„Na, den richtigen Zauberspruch. Besser gesagt: den fast richtigen Zauberspruch."
„Was meinst du mit ‚fast richtig'?" erkundigt sich Rufus.
„Damit meine ich, daß ich zwar keine rosa Taube herbeigezaubert habe, aber immerhin…"
„Immerhin was?" unterbricht Rufus gespannt.
Doch statt einer Antwort ruft Flip: „Oliver, kommst du mal?"
„Und w i e ich komme!" faucht Oliver, und es klingt ziemlich wütend.

Gleich darauf sieht Rufus, was Flip angerichtet hat.

Sie hat Oliver ein himmelblaues Gefieder verpaßt!

„Die Farbe geht bald wieder herunter. Oliver braucht sich nur in der nächsten Vollmondnacht in einem See aus Seerosennektar zu baden", versichert Flip.

Oliver will gerade etwas erwidern, aber Flip piepst erneut auf: „Ich hab's!"

„Was denn?" fragt Rufus.

„Den g a n z richtigen Zauberspruch. Magst du ihn hören?"

„N e i n!" kreischen Rufus, Florentina und Oliver gleichzeitig.

Möchtest du deine Freunde vielleicht mit einem Zaubertrick verblüffen? Hier ist einer, der nicht so gefährlich ist wie die Zaubereien von Spitzmaus Flip:

„Hände hoch!"
Bitte jemanden, einen Gegenstand (Radiergummi, Kugelschreiber...) in eine Hand zu nehmen und ihn – während du dich mit dem Rücken zu ihm stellst – in die Höhe zu halten. Der Arm muß dabei ausgestreckt gehalten werden.
Du behauptest, daß du hinterher erraten kannst, ob dein Freund den Gegenstand in der linken oder in der rechten Hand hochgehalten hat. Dann zählst du (oder jemand anderer) langsam von eins bis zwanzig, danach darf dein Zauberpartner den Gegenstand aus der Hand geben und die Hände auf seine Knie legen.
Jetzt drehst du dich um, nimmst den Gegenstand und tust so, als könntest du an ihm die Antwort ersehen. In Wirklichkeit brauchst du dazu nur einen Blick auf seine Hände zu werfen: jene Hand, die er in die Höhe gehalten hat, ist heller als die andere!

Ergänze die Skizze unten und zeichne ein Bild zu dieser Geschichte.

Frischluft füllt Gedächtnislücken –
Rufus am Südpol

Wir benötigen:
1 Mütze und 1 Schal pro Kind
1 Zettel und 1 Bleistift pro Kind
1 große Schüssel oder Schachtel
1 Gabel pro Kind
1 Rätselfisch pro Kind (bei wenigen Mitspielern auch mehrere. Vorher basteln und die dazugehörigen Rätselzettel vorbereiten)
1 Fischbrot pro Kind

Rätselfische:

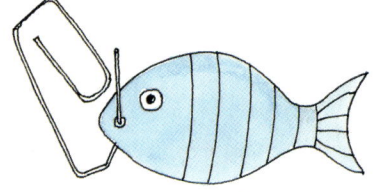

Auf einen dünnen Karton ca. 8 cm lange Fische zeichnen, bunt aus-malen, ausschneiden. Vorne, ins Maul, eine Büroklammer laut Skizze stecken, damit die Fische mit der Gabel geangelt werden können. Auf der Rückseite fortlaufend numerieren: 1, 2, 3…
Ergänzend dazu bereitet der Spielleiter je einen Zettel pro Fisch vor, und zwar zeichnet er darauf jeweils vier Begriffe, von denen einer nicht zu den anderen paßt, z. B.: Apfel, Hund, Birne, Erdbeere. Oder: Sonne, Mond, Rose, Sterne… etc. Zettel zusammenfalten und eben-falls fortlaufend numerieren: 1, 2, 3,…

Fischbrote:

Ganz nach Lust und Laune:
a) Butterbrote mit Tomatenmark aus der Tube wie Fische verzieren. (Augen, Schuppen, Maul).
b) Butterbrote mit halben Tomaten-, Gurken- oder Radieschenschei-ben belegen, die wie Schuppen angeordnet sind. Eine halbe Olive oder ein Tupfen Senf ist das Auge.
c) Aus Butter, der gleichen Menge Topfen (Quark), Sardinen und Salz (wer will, kann auch noch gehackte Essiggurken und/oder kleinge-würfelte harte Eier daruntermischen) einen Aufstrich bereiten, auf Brote streichen.

Rufus hat sie seit Wochen beobachtet, die Erdbeere. Erst war sie
eine weiße Blüte, dann rund, klein und grün, noch später gelb
und größer und jetzt ist sie prachtvoll rot und riesengroß.
„Das wäre ein richtiger Festtagsschmaus. Schade, daß heute
kein Festtag ist", denkt Rufus laut vor sich hin. „Oder ist doch
einer? Am besten, ich frag Oliver Eule. Der merkt sich alles!"
Doch Oliver schüttelt den Kopf. „Nicht, daß ich wüßte", sagt er.
„Aber vielleicht hast du zufällig heute Geburtstag?"
„Ich? Oh – ja,… nein… also ehrlich gestanden, ich hab vergessen, wann mein Geburtstag ist… – hab ich überhaupt einen?"
Weil die Erdbeere aber so verlockend leuchtet, erklärt Rufus den heu-
tigen Tag einfach zum Nichtfest-Festtag. Leider ist damit sein Problem noch nicht ganz gelöst, denn sein Nichtfest-Festtagsschmaus
hängt so hoch, daß er ihn nicht erreichen kann. Aber Rufus hat
einen Plan: er wird den Stengel so weit herunterbiegen, daß
die Beere fast den Boden berührt, dann zu ihr hinüber-
laufen und sie pflücken. Dazu muß er aber den Stengel
erst auslassen, wodurch die Erdbeere wieder hochschnellt,
bevor er sie erwischen kann. Rufus ist verzweifelt.
Doch da entdeckt er, daß Schnecke Florentinas Haus in
der Nähe steht. Er schiebt es unter die rote Frucht und klettert hinauf. Doch so sehr er auch hüpft und hopst – er
kommt nicht an sein Ziel.

Sich strecken und dabei hüpfen.

Dafür kommt Florentinas Kopf zum Vorschein. „He, wer rüttelt denn
da so wild an mir herum? Eine Schnecke ist doch kein Schaukelpferd",
schimpft sie.
„Entschuldige, aber wie hätte ich wissen sollen, daß du zu Hause bist?"
verteidigt sich Rufus.
„Ich bin i m m e r zu Hause", erinnert ihn Florentina.
„Oh! Hab ich ganz vergessen!"
„Was suchst du hier eigentlich?" will Florentina wissen.
„Ich möchte die Erdbeere pflücken, aber sie hängt zu hoch!"
„Warum kletterst du nicht einfach am Stiel entlang und holst sie dir?"
„Oh… klettern, jaja. Hab total vergessen, daß ich klettern kann!"
„Du vergißt aber heute reichlich viel. Wird Zeit, daß du dein Ge-
dächtnis ein wenig auffrischst", meint Florentina.
„Wie geht denn das?" fragt Rufus Regenwurm.
„Weiß ich auch nicht. Vielleicht kann Oliver dir einen Tip geben."
„Versuch es doch mit einer Reise in eine Gegend, in der das Wetter
immer frisch und kühl ist", schlägt Oliver Eule vor.

43

Rufus bedankt sich für diesen Rat, rutscht vom Baumstamm – und rennt geradewegs gegen einen Fliegenpilz.

Schnecke Florentina ist entsetzt: „Aber Rufus, der steht seit einer Woche da!"

„Oh – wirklich? Hab ich glatt vergessen!"

„Du kannst froh sein, daß Spitzmaus Flip bei ihrer Tante Feldmaus zu Besuch ist, sonst könntest du dir jetzt eine ganze Ballade über deine Vergeßlichkeit anhören, nicht bloß einen kurzen Spottvers!" sagt Florentina.

Rufus hat keine Lust, sich überhaupt noch etwas anzuhören. Er will so schnell wie möglich weg, um sein Gedächtnis auf zufrischen.

Was für ein Zufall, daß ausgerechnet jetzt ein Regenbogen am Himmel erscheint, der von Rufus' Wiese bis… ja, bis wohin, glaubst du, führt er denn?

Natürlich, zum Südpol! Denn Regenbogen tragen einen Wunschzauber in sich und führen immer genau dorthin, wo man gerne sein möchte. Vorausgesetzt, man findet den Anfang des Regenbogens.

Rufus Regenwurm entdeckt ihn sofort.

„Vergiß nicht, warme Sachen mitzunehmen!" ruft Florentina ihm nach.

Rufus holt seine Mütze und seinen Schal. Dann klettert er den Regenbogen hoch… läuft ein Stück geradeaus… und rutscht auf der anderen Seite hinunter.

Möchtest du sehen, wo er landet?

Mit hochgezogenen Knien (wie zum Klettern) auf der Stelle gehen, dann geradeaus laufen, auf den Boden setzen und ein Stück vorwärtsrutschen.

„Brrr, wie kalt es hier ist!" sagt Rufus. Er zittert vor Kälte, setzt rasch die Mütze auf und bindet den Schal um seinen Hals.

Die Arme verschränken und wie Rufus zittern.

Wohin Rufus auch blickt – vor, neben und hinter ihm gibt es nur Schnee, Eisschollen und Eisberge. Sie glitzern und funkeln wie Millionen Splitter eines zerbrochenen Spiegels: silbrig im Schatten und goldfarben in der Sonne. In den Rissen zwischen den Schollen blitzt blaugrün das Meer.

„Willkommen am Südpol!" ruft da eine Stimme. Sie gehört einem schwarzen Vogel mit weißem Bauch, der aufrecht steht und uns entgegenwatschelt. Errätst du, wie dieser Vogel heißt? Es ist ein Pinguin. Hinter ihm kommt eine ganze Schar von Pinguinen angetänzelt.

„Ich heiße Bill", stellt sich der erste vor.
„Und mein Name ist Rufus. Ich möchte hier mein
Gedächtnis ein wenig auffrischen. Kannst du mir
dabei helfen?" fragt Rufus Regenwurm.
„Aber natürlich. Komm nur mit!" Bill hebt Rufus
auf einen seiner Flügel und Rufus hakt sich bei
ihm ein. Wir folgen den beiden, und damit die
freundlichen Tiere keine Angst vor uns haben,
tun wir so, als wären wir Pinguine.

*Gegenseitig unterhaken und herum-
watscheln.*

Bill Pinguin und seine Freunde führen Rufus und uns zu einer
Halbkugel aus Schnee. Es ist ein Iglu, wie ihn auch die Eskimos
auf Grönland bauen, um sich vor der Kälte zu schützen. Wir kriechen alle hinein.

Unter einem Tisch durchkriechen.

„Ich weiß ein lustiges Spiel", sagt Bill, „es geht ganz einfach: Ich be-
ginne mit dem Satz: ‚Ich trage in den Iglu eine Tasche'. Der nächste
wiederholt ihn und fügt etwas Neues hinzu. Zum Beispiel: ‚… und ein
Buch'. Der übernächste wiederholt nun diesen Satz und fügt wieder
etwas an, sagen wir: ‚Ich trage in den Iglu: eine Tasche, ein Buch und
eine Puppe.' Aber Achtung: Die Reihenfolge muß stimmen! Auf diese
Art geht es weiter. Wenn der Satz so lang ist, daß ihn niemand mehr
in der richtigen Reihenfolge und ohne etwas auszulassen sagen kann,
ist das Spiel zu Ende."
„Ich mag nicht spielen, ich will lieber… ich meine, ich bin ja gekommen, um… ja, was soll ich sagen – jetzt hab' ich vergessen, wozu ich
hierher gereist bin!" erwidert Rufus. Aber Bill hört ihm gar nicht zu.
„Ich trage in den Iglu… eine Feder", beginnt Rufus daher.

Weitermachen!

„Habt ihr Lust, einen Spaziergang zur Robbeninsel zu machen?" fragt
Bill Pinguin.
Rufus nickt eifrig: „Oh ja! Ich möchte schrecklich gerne eine Robbe
aus der Nähe sehen!"
Der Weg führt uns durch tiefen Schnee. Wir stapfen also im Gänse-
marsch dahin.

Knie dabei hochziehen, als ob jeder Schritt schwerfiele.

„Das letzte Stück müssen wir mit dem Boot zurücklegen. Uns macht es ja nichts aus, aber für euch ist das Wasser viel zu eisig, um zur Insel zu schwimmen", meint Bill. Da hat er recht. Wir steigen lieber in das Boot, das am Ufer bereitliegt und rudern zur Insel hinüber.

Auf den Boden setzen, den Oberkörper vor- und zurückbeugen und mit den Armen „rudern".

Rufus ist ganz begeistert von den Robben, besonders von den Babies. Er beobachtet, daß sie im Wasser viel schneller sind als an Land. Es ist aber auch wirklich nicht einfach, sich auf dem Eis vorwärtszubewegen. Probier es doch einmal!

Auf den Bauch legen, mit den Unterarmen auf dem Boden abstützen und vorwärtsrutschen.

Dann fahren wir mit dem Boot wieder aufs Festland zurück.

Auf dem Boden sitzen, Oberkörper vor- und zurückbeugen, mit den Armen rudern.

Dann stapfen wir wieder durch den hohen Schnee.

Im Gänsemarsch, Knie dabei hochziehen.

Rufus möchte unbedingt einen Schneemann bauen. Wir bauen auch einen, aber auf dem Papier.

Jedes Kind nimmt einen Zettel und einen Bleistift. Knapp unter dem oberen Rand beginnen und – so, daß die anderen es nicht sehen können – eine Kopfbedeckung zeichnen. Das kann ein gewöhnlicher Hut sein oder eine Zipfelmütze oder sogar ein Blumentopf. Je ausgefallener, desto mehr gibt es hinterher zu lachen. Dann das Papier gerade so weit umbiegen, daß der unterste Rand der Zeichnung noch erkennbar ist und es dem Nachbarn oder der Nachbarin weiterreichen. Nun zeichnet jeder den Oberkörper und die Arme des Schneemanns (können auch Flügel oder Flossen sein). Wieder umbiegen und weiterreichen. Auf dieselbe Art Unterkörper und schließlich Beine (oder Entenfüße, Schuhe, Vogelkrallen…) zeichnen. Nochmals weitergeben. Erst jetzt den Zettel aufrollen.
Wer hat den lustigsten Schneemann?

„Oho! Mir scheint, die frische Luft wirkt schon!" schreit Rufus plötzlich.

„Was meinst du damit?" erkundigt sich Bill Pinguin.

„Nun – mir ist gerade etwas eingefallen, was ich vorher vergessen hatte."

„Was denn?"

„Daß ich… zu dumm, jetzt ist es mir schon wieder entfallen! Ach nein, ich hab's: Ich bin hungrig!"

„Ich auch!" sagt Bill.

„Wir auch! Auf zum Fischen!" rufen die anderen Pinguine.

Jedes Kind bekommt eine „Angel" (= Gabel). Damit es nicht allzu leicht wird, mit den Schals die Augen verbinden.
Die „Fische" in eine große Schüssel oder Schachtel legen. Geangelt wird mit den Zinken der Gabel. Aufspießen oder Nachhelfen mit den Händen gilt nicht!
Wenn jeder einen Fisch geangelt hat, nachsehen, welche Nummer auf seiner Rückseite steht. Den Zettel mit derselben Nummer heraussuchen und auffalten. Darauf sind vier Dinge abgebildet, von denen eines nicht zu den anderen paßt. Wer es herausfindet, darf sich ein Fischbrötchen aussuchen.

„Oho! Ich glaube, ich bin geheilt! Ja, wirklich, mein Gedächtnis ist frischer als je zuvor! Mir ist soeben eingefallen, daß ich doch einen Ge-

burtstag habe. Und stellt euch vor, er ist ausgerechnet heute!" quiekt Rufus und dreht sich vor Freude im Kreis.

Im Kreis drehen.

„Mir ist auch eingefallen, daß ich vergessen habe, vor meiner Abreise die saftige rote Erdbeere zu vernaschen. Das heißt: ich muß rasch nach Hause, damit mir Spitzmaus Flip nicht zuvorkommt!" fügt Rufus noch hinzu.
Wir verabschieden uns also von Bill Pinguin und seinen Freunden, suchen unseren Regenbogen und klettern hinauf…,

Knie hochheben, auf der Stelle gehen.

laufen ein Stück… und steigen auf der anderen Seite hinunter.

Laufen, auf den Boden setzen und ein Stück vorwärtsrutschen.

So, da wären wir wieder, auf der Wiese am Waldrand, bei Rufus' Himbeerstrauch!
Spitzmaus Flip ist auch schon von ihrem Besuch bei Tante Feldmaus zurückgekehrt. Aber etwas fehlt: die Erdbeere!
„Oh!" sagt Rufus traurig zu Schnecke Florentina, „sicher hat Flip sie geschluckt!"
„Hab ich nicht!" protestiert Flip.
„Warte", sagt Florentina. Sie verkriecht sich in ihr Haus und kommt gleich darauf wieder. „Ich habe sie für dich gepflückt und aufgehoben. Alles Gute zum Geburtstag!" Sie überreicht Rufus den süß duftenden Jetzt-doch-noch-Festtagsschmaus.
Rufus ist gerührt. Doch er wird gleich noch viel gerührter, als Flip ihm mitteilt, daß auch sie ein Geschenk für ihn hat.
„Laß mich raten", sagt Rufus. „Ich wette, es ist ein Gedicht. Stimmt's?"
„Völlig verkehrt. Im Gegenteil: Mein Geschenk ist, daß ich heute kein Gedicht über dich mache!"
„Oh!" seufzt Rufus erleichtert und schlängelt sich rund um Flips Hals.
„Das ist wirklich das schönste Geburtstagsgeschenk, das du mir machen konntest", flüstert er ihr ins Ohr.

48

Möchtest du ein Bild zu dieser Geschichte malen?

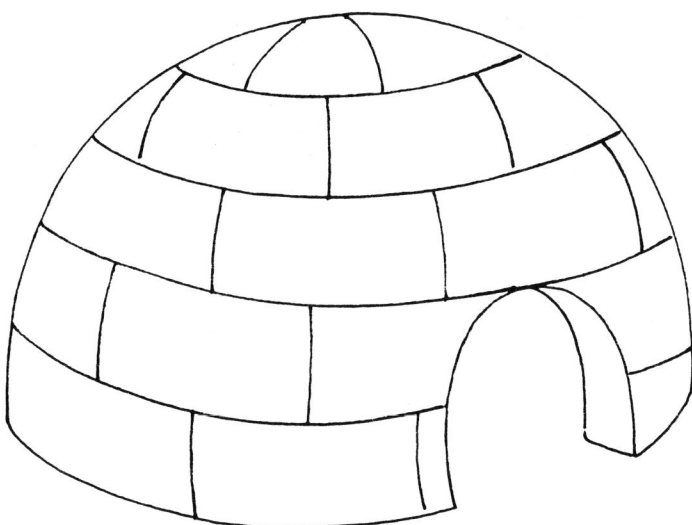

Von der Muse gezwickt –
Rufus in China

Wir benötigen:
1 Schiff aus Papier pro Kind
1 Reissäckchen pro Kind
1 Pappteller
2 lange Wollfäden
einige leere Joghurtbecher

Reissäckchen:
In einen Waschhandschuh eine Handvoll Reis füllen. Oben mit einem Gummiring so fest verschließen, daß die Reiskörner nicht herausrutschen.

Schiff:

Ein rechteckiges Blatt Papier in der Mitte falten.

Bug nach oben legen.

Von links und rechts oben beide Ecken zur Mitte hin einbiegen.

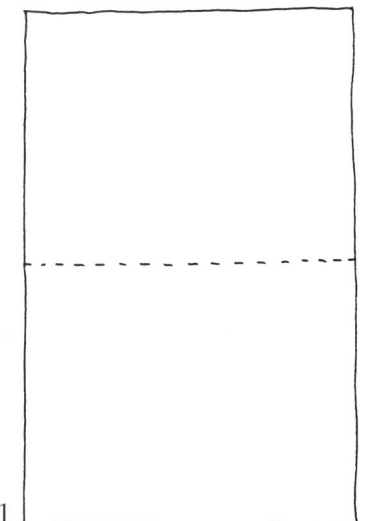

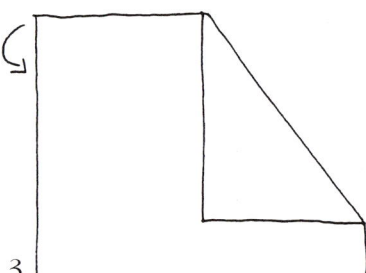

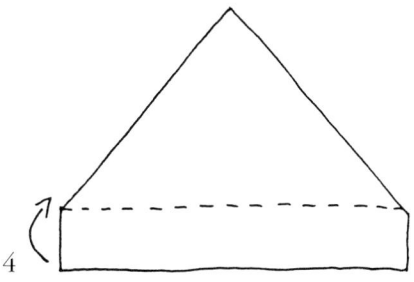

4

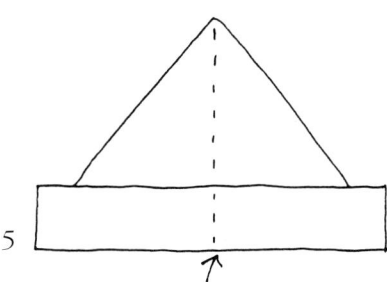

5

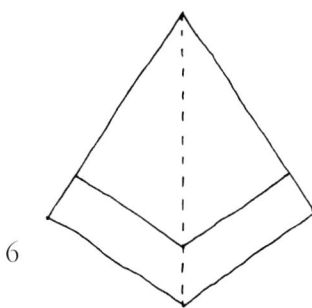

6

Entlang der gestrichelten Linie die Ränder nach oben klappen. Von innen (unten) auseinanderdrücken.

An dieser Linie quer falten (dazu das halbfertige Schiff seitlich drehen, so daß die bisherigen Außenkanten nun vorne bzw. hinten zu liegen kommen.)

Außenränder fest zusammendrücken.

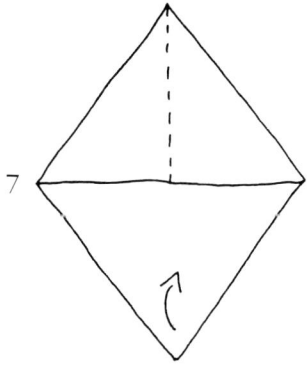

7

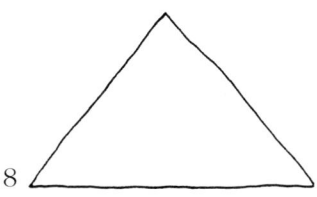

8

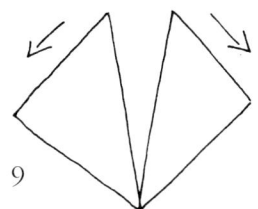

9

Die obenauf liegende Quadrathälfte hinaufklappen, auf die Rückseite drehen, die zweite Quadrathälfte ebenfalls nach oben klappen.

Von innen (unten) auseinanderdrücken, an der gestrichelten Mittellinie quer falten (dazu das Schiff seitlich drehen, so daß die bisherigen Außenkanten nun vorne bzw. hinten zu liegen kommen.)

Die äußeren Zipfel von oben zur Seite klappen, Seitenwände des Schiffes zurechtbiegen und fertig.

10

Streichholz   Faden 2 m lang

An einer Seite des Schiffes ein Loch bohren (siehe Skizze), ein Ende des Fadens daranknüpfen und an seinem anderen Ende das Streichholz (vorher den Kopf abbrechen) befestigen.

Rufus Regenwurm, Schnecke Florentina, Spitzmaus Flip und Oliver Eule sitzen gerade im Gras und plaudern, als sich ein Schmetterlingsmädchen zu ihnen gesellt.

Rufus ist wie vom Donner gerührt. Er bekommt Stielaugen – ganz lange – und einen knallroten Kopf. Sein Herz flattert und rattert. Mit einem Wort: Es ist Liebe auf den ersten Blick! Kannst du dir vorstellen, wie das Herz eines verliebten Regenwurms rattert? So: ta-rattata – fidirattata…

Das Rattern nachahmen.

Ja, genau so. Das Schmetterlingsmädchen merkt allerdings nichts davon. Es ist nämlich ziemlich verzweifelt.

„Könnt ihr mir helfen? Ich hab' mich verflogen und jetzt finde ich nicht mehr nach Hause!" klagt es den vier Freunden sein Leid.

„Wo bist du denn zu Hause?" fragt Florentina mitfühlend.

„Wenn ich das wüßte!" seufzt das Schmetterlingsmädchen. „Ich weiß nur, daß dort, wo ich herkomme, viele Mandelbäume wachsen und daß ich früher einmal eine Seidenraupe war."

Rufus schnappt nach Luft. „Ich…! Ich ahne… wahrscheinlich…", stammelt er.

„DU? Soll das heißen, du weißt, aus welchem Land die Kleine kommt?" wundert sich Flip.

„La-la-laß mich…laß mi-mich doch ausreden, Flip!" stottert Rufus und wischt sich den Schweiß von der Stirn. „Außerdem spreche ich überhaupt nicht mit dir, so-sondern mit…mi-mit… Wie heißt du überhaupt?"

„Dschin-Dschin."

„Oh, aha! Dschin-Dschin. So einen nübschen Hamen sollte mir auch einmal jemand geben. Ich meine: so einen hübschen Namen. Also, was ich eigentlich wagen sollte… ich meine: sagen wollte, liebe Dschin-Dschin, ist dies: ich ahne wahrscheinlich, daß du mir gerne helfen würdest,… ich meine: du ahnst wahrscheinlich, daß ich dir gerne helfen würde,… aber im Augenblitz bin ich einfach viel zu erhickt, um klar zu denken!"

„Das ist nicht zu übersehen, du Ärmster!" sagt Dschin-Dschin und fächelt Rufus Kühlung zu.

Mit den Armen fächeln.

52

„Ich fürchte, du hast Fieber. Du solltest dich in den Schatten legen und ausruhen", fügt Dschin-Dschin hinzu.

„Ja, ja. Ein grimmiger Anfall von Verliebungsfieber sozusagen. Ganz offensichtlich. So irrwitzig verwirrt war er nämlich noch nie", stellt Flip fest.

Wie zur Bestätigung fängt Rufus nun zu zittern an und seine Zähne klappern dazu.

Zittern und mit den Zähnen klappern.

„Sieht mir ganz nach Schüttelfrost aus. Komm auf meinen Rücken. Ich trage dich, wohin du willst!" lädt Dschin-Dschin ihn ein.

„Oh ja: ich hab Rüttelrost. Trag mich, wohin du schielst!" bittet Rufus.

„Auf keinen Fall", schreit Spitzmaus Flip und wirft sich dazwischen. „Laß mich das machen, Dschin-Dschin. Sonst steckst du dich womöglich noch an!"

Flip wartet, bis Rufus sich ein wenig erholt hat. „Reiß dich zusammen. Ein Regenwurm kann sich doch nicht ernsthaft in einen Schmetterling verlieben!" redet sie ihm dann zu.

„Ich kann nicht nur, ich m u ß es sogar!" widerspricht Rufus. Flip starrt ihn sprachlos an.

„Ist doch logisch: Ich hab die Reiselust und Dschin-Dschin hat die Flügel dazu. Wir sind ein ideales Paar. Außerdem war sie früher auch einmal ein Wurm. Hat sie selbst erzählt!" sagt Rufus trotzig.

„Sie war eine Raupe", korrigiert Flip. „Aber jetzt schlaf ein bißchen. Den Unterschied erklär ich dir später."

Wer kennt den Unterschied?

Inzwischen haben Schnecke Florentina und Oliver Eule sich den Kopf zerbrochen, wo das Schmetterlingsmädchen daheim sein könnte. Florentina ist ratlos. Doch Oliver fällt plötzlich etwas ein. „Gibt es eine sehr, sehr lange Mauer bei euch?" erkundigt er sich.

Dschin-Dschin nickt heftig. „Wieso weißt du das?"

„Eine Nachtigall hat mir einmal von diesem fernen Land erzählt, das die Menschen China nennen. Du brauchst nichts weiter zu tun, als immer nur nach Osten zu fliegen. Dorthin, wo die Sonne am Morgen aufgeht!"

„Ich danke euch!" ruft Rufus und nimmt damit Dschin-Dschin das Wort aus dem Mund. Er hat nämlich aufmerksam zugehört. Zum Schlafen ist er viel zu verliebt. „Komm, Dschin-Dschin, wir brechen sofort auf!"

„Ich fühle mich geschmeichelt, aber…", will das Schmetterlingsmädchen einwenden.

„Kein Aber! Ich bin ein Klavier und begleite dich überall hin.
In durigen und molligen Tagen. Bis daß der Rost uns scheidet."

„Aber Rufus, was plapperst du da für Unsinn? Du meinst
wahrscheinlich, du seist ein Kavalier!" wirft Schnecke Florentina ein.

„Klar. Was sonst? Sag ich doch!"

Flip, Florentina und Oliver schütteln nur noch die Köpfe.
Rufus nimmt auf Dschin-Dschins Rücken Platz.

„Ach, übrigens, Dichtmaus Flip: könntest du ein Liebesgedicht
für mich entwerfen und es mir nachschicken?"

„Wird erledigt", verspricht Flip. Dabei kämpft sie tapfer gegen ihre Trä-
nen an.

Dschin-Dschin hebt die Flügel und bald darauf sind sie und Rufus
über alle Berge.

*Wie Schmetterlinge fliegen: Die Arme abwechselnd heben und
senken.*

Flip und Florentina bleiben traurig zurück.

„Macht euch nichts daraus. Der kommt bestimmt wieder!" prophezeit
Oliver.

Rufus und sein Schmetterlingsmädchen fliegen bereits über Asien, als
Rufus plötzlich zu zucken und zu zappeln anfängt.

„Soll ich Pause machen?" fragt Dschin-Dschin.

„Nein. Keine Pause. Es ist nur… ich glaube, ich bin soeben von der
Muse gezwickt worden. Von der Muse der Dichtkunst."

„Musen zwicken nicht, die küssen", stellt Dschin-Dschin richtig.

„Doch nicht mich!" weist Rufus diese Unterstellung entrüstet von sich.
„Ich laß mich doch von niemandem küssen, seit mein Auge dich er-
blickt hat!"

Und dann trägt er seinen Vers vor:

„Oh, du mein schöner Flatterfalter,
laß ringeln bis ins hohe Alter
um deine zarten Zehen mich.
Ich hoff, du bist nicht kitzelich!"

„Nun, wie gefällt es dir?" will er noch wissen.

„Prima. Aber melde dich, wenn dir diese Muse noch einmal so
nahe an den Pelz rückt, damit ich notfalls rechtzeitig auswei-
chen kann", meint Dschin-Dschin.

„Es gefällt ihr, es gefällt ihr!" jubelt Rufus verzückt. Der Rest
des Fluges verläuft allerdings ohne dichterische Zwischenfälle.

Die beiden erreichen schließlich das Land China und sehen sich den Hafen einer großen Stadt an.

„Oh, so viele Schiffe! So viele hab ich noch nie auf einem Fleck gesehen!" staunt Rufus.

„Paß auf, gleich gibt es ein großes Dschunken-Wettrennen!" macht Dschin-Dschin ihn aufmerksam.

„Oh, ein Schinkenwettrennen! Hab ich noch nie gesehen!"

„Dschunken – das sind Schiffe mit Segeln aus Binsenmatten", erklärt ihm das Schmetterlingsmädchen.

„Oh!" sagt Rufus und schaut Dschin-Dschin tief in die Augen.

„Wenn du wissen willst, welches Schiff gewinnt, mußt du deinen Kopf dorthin wenden", meint seine Angebetete.

Schiffe nebeneinander auf den Boden stellen und das Streichholz so halten, daß der Faden locker liegt. In ca. 2 m Entfernung hinsetzen. Auf „Los!" den Faden auf das Streichholz wickeln.
Wer hat sein Schiff am schnellsten zu sich gezogen? Der Langsamste muß ein Pfand hergeben!

Rufus möchte unbedingt die Pandabären kennenlernen, die nur in China leben und sonst nirgends, weil sie am liebsten zarte Bambusblätter fressen.

„Dazu müssen wir ins Gebirge fliegen. Tu ich aber gern für einen so netten Reisegefährten wie du einer bist", sagt Dschin-Dschin.

Rufus bekommt sofort wieder einen knallroten Kopf.

„Auii – wuu!" begrüßt eine Pandafamilie die beiden Gäste.

„Seid so nett und erzählt meinem Freund Rufus Regenwurm ein bißchen über euch", ersucht sie Dschin-Dschin. Leider sprechen Pandas nur die chinesische Tiersprache. Rufus versteht kein Wort. In seinen Ohren klingt alles so ähnlich wie „sing" und „sang".

Ein Spiel daraus machen: Im Kreis auf den Boden setzen. Einer beginnt und stellt seiner Nachbarin oder seinem Nachbarn eine Frage, die nur mit „ja" oder „nein" zu beantworten ist. Anstelle von „ja" das Wort „sing" und anstelle von „nein" das Wort „sang" setzen. Zum Beispiel:

Hat eine Schlange Krallen?	*(sang)*
Mißt man die Zeit mit einer Uhr?	*(sing)*
Schmeckt eine Banane sauer?	*(sang)*

Man muß aber ganz rasch antworten. Wenn jemand lang braucht oder falsch antwortet, klatschen die anderen in die Hände und die betroffene Person muß ein Pfand hergeben.

Auf dem Rückweg beobachtet Rufus die Bauern bei der Reisernte. Sie schneiden das Getreide, machen Bündel daraus und werfen sie auf einen Stoß.

Den Pappteller auf den Boden stellen. Aus ca. 3 m Entfernung versuchen, die Reissäckchen auf den Teller zu werfen. Wer daneben trifft, muß ein Pfand hergeben.

Dschin-Dschin und Rufus überfliegen den längsten Fluß Chinas, den Hoangho.

„Hoangho… so lang, oh… rauscht das Blut in meinem Herzen drin… für Dschin-Dschin", trällert Rufus vor sich hin.

„Nichts wie weg von hier, deine Muse hat es schon wieder auf dich abgesehen!" meint das Schmetterlingsmädchen erschrocken.

„Nicht, bevor ich die berühmte chinesische Mauer entlanggekrochen bin", antwortet Rufus.

„Meinetwegen. Aber gib acht, daß du nicht stolperst. Einige Ziegel sind schon recht locker. Immerhin ist die Mauer über zweitausend Jahre alt!" warnt Dschin-Dschin.

Die zwei Wollfäden nebeneinanderlegen, der Abstand dazwischen soll ca. eine Fußlänge betragen. Joghurtbecher zwischen den beiden Schnüren in unregelmäßigen Abständen aufstellen. So rasch wie möglich über die „Mauer" laufen und die Becher dabei überspringen. Wer einen berührt oder umwirft, muß ein Pfand hergeben.

„Hi-Hi-Hilfe! Hilfe!" schreit Rufus plötzlich auf.

„Was gibt's?" fragt seine Begleiterin.

„Ein ungeheures Ungeheuer! Es stürzt geradewegs auf mich zu! Ich glaube, es ist ein unglaublich großer Drache!" Rufus zittert an allen Gliedern, denn der Drache sieht wirklich furchterregend aus.

Beschreiben, wie er aussieht und was er tut!

„Ach, vor dem brauchst du dich nicht zu fürchten. Er bringt dir Glück!"

„Glücksbringer oder nicht, das ist mir ganz egal. Vor Drachen fürchte ich mich ganz fürchterlich. Tut mir leid, aber hier kann ich keinen Augenblick länger bleiben. Bring mich bitte nach Hause zu meinem Himbeerstrauch, damit wir uns endlich in mein gemütliches Erdloch verkriechen können!"

„Tut mir leid, aber ich kann nicht mit dir in einem Erdloch leben. Da würden meine Flügel kaputtgehen."

„Kein Problem. Ich bin so wahnsinnig verliebt in dich – wie du vielleicht schon bemerkt hast oder auch nicht – ich bleibe gerne auch für immer auf deinem Rücken liegen. Wie angeklebt!" beteuert Rufus.

„Ich will aber keinen Mann, der für immer auf meinem Rücken klebt, und ich kann dich auch nicht immer spazierenfliegen. Du bist nämlich ganz schön schwer!"

„Kein Problem. Ich halbiere mich und wir lassen eine Hälfte ins Meer fallen oder in den Hoangho. Dann wiege ich nur noch halb so viel."

Dschin-Dschin schüttelt den Kopf.

„Ich kürze mich auf ein Drittel."

Wieder Kopfschütteln.

„Auf ein Viertel", bettelt Rufus. Doch das Schmetterlingsmädchen bleibt hart.

„Hör zu, Rufus: Du bist bestimmt der charmanteste Regenwurm, der mir je untergekommen ist. Aber ich kann nicht mit dir zusammenleben. Nicht einmal mit einem Viertel von dir. Ich will frei sein. Dahin und dorthin fliegen, wie es mir gefällt. Verstehst du das?"

„A-huch!" schluchzt Rufus und bekommt plötzlich schreckliche Sehnsucht nach seinen Freunden daheim. „Wenn ich jetzt nur bei Florentina wäre, um mich von ihr trösten zu lassen. Sie ist so weich und hat so etwas Mütterliches an sich. Und bei Oliver, der sicher einen guten Rat weiß, wie ich meinen Liebeskummer vergessen kann. Und bei Flip, die mich mit einem Gedicht zum Lachen bringt!" denkt er.

Dschin-Dschin scheint seine Gedanken zu erraten.

„Du brauchst dich nur an einem Sonnenstrahl festzuhalten und – schwups – bist du daheim. Du weißt ja: Die Sonne wandert immer von Osten nach Westen. Gute Reise!"

„Vergiß mich nicht!" sagt Rufus und winkt seiner großen Liebe ein letztes Mal zu.

Dann klammert er sich an einen Sonnenstrahl und – schwups – ist er wieder unter seinem Himbeerstrauch.

Die Arme hochstrecken und einen großen Sprung machen.

„Willkommen daheim!" ruft Schnecke Florentina Rufus schon von weitem zu.

„Hab ich nicht gesagt, daß er wiederkommt?" triumphiert Oliver Eule.

„Glücklicherweise bin ich gerade mit dem Gedicht fertiggeworden, das du bestellt hast", freut sich Flip.

„Vergiß es. Ich mag es nicht hören. Es war für Dschin-Dschin gedacht."

„Das wußte ich nicht. Es ist eins für dich geworden – wir haben dich nämlich alle soooo sehr vermißt!"

„Für mich – wirklich?" staunt Rufus und seine Miene hellt sich merklich auf, als Flip es aufsagt:

„Dort, wo Rufus' Herz hindrängelt
und der Hoangho sich schlängelt,
dort, wo finst're Drachen schäumen
und die Sojabohnen keimen,
wo man nach Reis mit Stäbchen hascht
und Pandabär den Bambus nascht,
dort, wo die Seidenraupen werken,
dort – und das mußt du dir merken –,

will auf jeden Fall ich hin,
damit ich Rufus nahe bin."

„Oh, wie gut das tut! Mein Herz war in mindestens hundert Fransen zerstückelt und du hast es mit deiner Dichtkunst wieder zusammengeschmolzen. Eine Frage noch: Hat dich die Muse geküßt oder gezwickt, bevor du diese Zeilen zusammengereimt hast?" will Rufus wissen.

„Keine Ahnung. Hab' nichts gespürt. Ist auch unwichtig. Hauptsache, wir haben dich wieder!" sagt Flip.

„Ja. Hier bin ich und hier bleibe ich", verspricht Rufus. „Die nächste Zeit jedenfalls", sagt er dann noch schnell – der Ehrlichkeit halber.

Während Rufus sich von seiner anstrengenden Reise erholt, geht es ans Pfänderauslösen!
Ein Kind oder ein Erwachsener versteckt alle Pfänder in einem Sack oder hinter seinem Rücken und fragt: „Wem gehört das Pfand in meiner Hand, was soll damit geschehen?" Nun, was schlägst du vor?

Oder möchtest du lieber einen Schmetterling aus getrockneten Blättern kleben?
Sammle bunte Blätter von Bäumen oder Blütenblätter, lege sie einzeln zwischen eine gefaltete Serviette und dann in ein dickes Buch. Nach wenigen Tagen sind sie trocken. Dann kannst du sie – am besten mit Klebestift – auf weißes oder getöntes Naturpapier aufkleben. Zum Beispiel so:

Wenn du das Bild in einen Wechselrahmen gibst, hast du einen hübschen Wandschmuck für dein Zimmer oder auch ein persönliches Geschenk für jemanden, den du magst! Auch andere Tiere lassen sich aus Blättern kleben: Käfer, Hahn, Vogel, Fisch,... fallen dir noch welche ein?

60

Wie stellst du dir Dschin-Dschin, das Schmetterlingsmädchen vor?
Mal ein Bild von ihr oder das Bild unten aus!

Traumurlaub mit Klabautermann –
Rufus auf Hawaii

Wir benötigen:
Blütenketten aus Buntpapier
1 Muschel (ca. 5 cm groß) pro Kind (zusammen mit je einem kleinen Zettel mit drei Symbolen darauf – z. B. Fisch, Hütte, Mond – verstecken. Den Zettel zusammengefaltet darunterlegen. Wer keine Muscheln zur Hand hat, versteckt eben nur die Zettel.)
2 Stühle
1 Besen
1 Eimer, gefüllt mit: etlichen Papierknäueln, leeren Joghurt-Bechern, Kugelschreibern, etc.(= „Abfall")

Blütenketten:
Aus verschiedenfarbigem Buntpapier Blüten und aus grünem Buntpapier einige Blätter herausreißen. Mit der Spitze eines Kugelschreibers Löcher hineinstechen, auf einen ca. 50 cm langen Wollfaden fädeln, hinten verknüpfen.

„Eine Frechheit, was diese Menschen sich erlauben! Jetzt tapezieren sie sogar schon unsere schöne Wiese mit ihren gräßlichen Zeitungen!" ärgert sich Spitzmaus Flip. In Wirklichkeit ist es keine Zeitung, sondern ein Blatt aus einem Reiseprospekt, und niemand hat es absichtlich weggeworfen. Der Wind hat damit gespielt, es vor sich hergetrieben, dann plötzlich die Lust am Spielen verloren und es zufällig auf der Wiese neben dem Himbeerstrauch fallengelassen. Rufus wird sofort neugierig. Er kriecht auf das Blatt zu und – bekommt augenblicklich einen wäßrigen Mund von dem, was er darauf sieht: weißer Sandstrand, blaues Meer und grüne Palmen. „Traumurlaub auf Hawaii" steht als Überschrift darüber. „Das wär' was für mich!" seufzt er.

„Und für mich!" piepst Flip.

„Und für mich! Ich war überhaupt noch nie auf Urlaub, in meinem ganzen, langen, langweiligen Schneckenleben nicht!" brummelt Florentina.

„Das ist wahr. Dann komm doch mit!" schlägt Flip vor.

„Wenigstens einer von uns muß hierbleiben und auf die Himbeeren aufpassen. Sie werden bald reif sein und die Amseln lauern schon darauf", wendet Rufus ein.

„Dann bleibst eben diesmal du zu Hause und Flip und ich gehen auf Traumurlaubsreise", entscheidet Florentina.

Aber dazu ist es zu spät. Rufus denkt nicht daran, auf dieses Vergnügen zu verzichten. Er hockt schon auf dem Prospekt, und zwar auf dem Palmenblatt, und kaut und knabbert daran, bis ein Loch entsteht. Ah, jetzt ist es groß genug – und Rufus huscht hindurch. Fort ist er von der Himbeerstrauchwiese… dort ist er, auf der Insel Hawaii, und sitzt auf dem Palmwedel, an dessen Foto er gerade noch geknabbert hat. Möchtest du seinen Trick auch ausprobieren?

Kau- und Knabberbewegungen machen.

Halt! Einen Moment noch! Wir möchten doch wissen, wer nun mitkommt: Flip oder Florentina. Die beiden streiten nämlich gerade darüber, wer daheimbleiben muß. Doch da hat Flip eine glänzende Idee! Sie erfindet rasch einen Auszählreim:

„Ringelrangelregenwurm
heulet wie ein Südseesturm.
Aloa-he! Alo-hallo!
Wenn's nicht anders ist, ist's so."
Bei dem Wort „so" zeigt Flips Finger auf sie selbst. Und das heißt ganz
eindeutig, daß diesmal Florentina Rufus begleiten darf. Sie kriecht also
durch das Loch im Reiseprospekt und findet sich mit uns am Sandstrand wieder. Rufus läßt sich von seiner Palme herabfallen.
„Willkommen auf Hawaii!" sagt er und hängt uns eine Blumenkette
um den Hals. So begrüßt man nämlich auf dieser Insel die angekom-
menen Gäste.

*Jedes Kind sucht sich einen Partner bzw. eine Partnerin. Beide le-
gen einander gegenseitig ihre Blütenketten um den Hals.*

Rufus ist begeistert: Er wiegt sich hin und her wie die Palmen im Wind.

*Stehen, die Beine leicht spreizen, die Arme hochstrecken, den
Oberkörper einmal nach links, einmal nach rechts beugen. So
weit wie möglich zur Seite knicken!*

Er lauscht dem Meeresrauschen.

Das Geräusch der Wellen nachahmen: „Scht-scht-scht…"

Und dann tut er etwas, was er sonst nie tut – zumindest nicht freiwil-
lig: Er robbt ganz nah ans Wasser heran!

Auf dem Boden zum „Wasser" robben.

„Leg einen Zahn zu, Florentina, und sieh dir das an! Da drinnen im
Wasser ist ein Kollege von mir und – stell dir vor – er macht alles nach,
was ich ihm vormache, und zwar haargenau!" schreit Rufus.

*Jedes Kind holt sich einen Partner. Einer muß genau das aus-
führen, was der andere im vorzeigt (z. B. in die Hände klatschen,
mit den Augen rollen, die Nase rümpfen, auf einem Bein hüpfen).
Je ausgefallener die Bewegungen sind, desto lustiger wird das
Spiel!*

„Reg dich nicht auf, das bist du selber. Was du siehst, ist nur dein Spiegelbild!" beruhigt ihn Florentina. Doch plötzlich bewegt sich das an-
gebliche Spiegelbild und der Wurm im Wasser verwandelt sich in ein
lustiges Männchen.
„Ich bin Käpt'n Keck, der Klabautermann", stellt es sich vor. Rufus
bleibt vor Staunen erst einmal der Mund offen.
„Das ist doch nicht weiter schlimm, oder?" erkundigt sich das Männchen. Rufus ist noch immer sprachlos. Der Klabautermann sieht aber
auch wirklich sehr komisch aus:

*Die Kinder beschreiben, wie sie sich den Klabauter-
mann vorstellen!*

Doch dann gibt Rufus sich einen Ruck
und sagt: „Ich bin Rufus Regenwurm.
Aber sag doch, seit wann ist ein Klabautermann Kapitän, ich dachte immer, das wäre ein Gespenst?"
„Früher war ich das auch. Auf einem
Piratenschiff. Aber dann hat die
Mannschaft dem Schiff ade gesagt
und das Schiff hat der Mannschaft
ade gesagt – mit einem Wort: es ist
völlig vereinsamt gesunken und
da habe ich mich eben zu seinem Kapitän ernannt, damit es sich nicht
gar so verlassen vorkommt. Das ist doch nicht weiter schlimm, oder?"
„Wie? Was? Hast du Piratenschiff gesagt?" fragt Rufus aufgeregt.
„Hab ich. Warum?" forscht Käpt'n Keck.
„Wo ein Piratenschiff liegt, ist meistens auch die Piratenschatzkiste
nicht weit. Hab' ich recht?"
Käpt'n Keck lächelt verschmitzt. „Vielleicht, vielleicht auch nicht."
Rufus will sich gerade in die Fluten stürzen und nach der Kiste tau-
chen, als zum Glück Florentina noch rechtzeitig zur Stelle ist, um ge-
nau das zu verhindern.
„Bist du übergeschnappt? Du weißt doch, daß dir vom Wasser ganz
mulmig wird, wenn du mit mehr als einem Tropfen davon in
Berührung kommst!" erinnert sie ihren Freund.

Rufus wird vor Schreck kreidebleich. „Oh, du hast recht! Was machen wir jetzt bloß?" wimmert er. Aber dann fällt ihm etwas ein. Er wendet sich an Käpt'n Keck.

„Lieber Klabauterkapitän, würdest du wohl so nett und gütig sein, mir die Kiste mit dem Schatz heraufzuholen?"

„Erstens hab ich nicht behauptet, daß es überhaupt eine solche Kiste gibt. Zweitens: vorausgesetzt, es gäbe eine: was schenkst du mir dafür?" erwidert der Angesprochene.

„Tut mir schrecklich leid, aber ich habe nichts, was ich dir schenken könnte", gesteht Rufus.

„Hihihiii!" kichert da Käpt'n Keck. „Du machst mir vielleicht Spaß! Sag, sind alle Regenbolde solche Witzwürmer wie du?" Darauf findet Rufus keine Antwort. Traurig läßt er den Kopf hängen.

„Na schön. Mal sehen, was sich machen läßt", erbarmt sich der Klabautermann. „Aber wenn du schon kein Geschenk für mich hast, möchte ich wenigstens unterhalten werden. Das ist doch nicht weiter schlimm, oder?"

„Ich glaube, das läßt sich machen", meint Rufus erleichtert. „Soll ich dir etwas vorsingen?"

„Lieber nicht", winkt der Klabautermann ab, „seit mir die Schiffssirene das Trommelfell verbogen hat, bin ich gegen Gesang allergisch. Aber vielleicht kannst du mir etwas vortanzen? Limbo zum Beispiel? Oder Hula-Hula?"

„Oh ja. Limbo und Hula-Hula-Tanzen ist mein zweiter Beruf!" jauchzt Rufus Regenwurm und legt auch schon los. Möchtest du mit ihm mittanzen?

Für den Limbotanz einen Besen auf zwei Sessel legen, und zwar so, daß man darunter durchtanzen kann. (Also entweder auf die Sitze oder auf die Lehnen.) Beim Hula-Hula einfach mit den Hüften kreisen, als würde man einen Hula-Reifen schwingen.

„So, jetzt muß ich mich aber kräftig ausruhen", keucht Rufus und läßt sich in den weichen Sand fallen, während Schnecke Florentina sich zu einem kurzen Schläfchen in ihr Haus zurückzieht.

Auf den Boden legen und ausrasten.

Aber Ruhe ist etwas, das der Klabautermann nicht leiden kann. „Habt ihr vergessen, was ihr mir versprochen habt? Auf, auf, ihr würmeligen Schnecken und schneckligen Würmer, los, los, unterhaltet mich!" verlangt er.

„Das haben wir doch schon. Jetzt mußt du dein Versprechen einlösen und die Kiste holen", protestiert Rufus.

„Nur nichts überstürzen. Zuerst möchte ich, daß ihr die Muscheln sucht, die ich für euch versteckt habe, und mir lustige Geschichten erzählt!"

„Die Sache wird langsam reichlich anstrengend", meint Florentina.

Nach den vorher versteckten Muscheln suchen. Wenn jedes Kind eine gefunden hat, den darunterliegenden Zettel hervorholen und nachsehen, welche Menschen, Tiere oder Dinge darauf gezeichnet sind. Eine kurze Geschichte erfinden, in der sie vorkommen.

Bei einer größeren Gruppe von Kindern wird entweder ausgelost, wer erzählen darf oder jedes Kind sagt einen Satz, bis die Geschichte zu Ende ist.

3–5 Geschichten insgesamt reichen.

„Holst du uns jetzt die Schatzkiste von deinem Piratenschiff?" drängt Rufus.

„Vorausgesetzt, daß überhaupt eine da ist…", antwortet Käpt'n Keck. „Aber jetzt muß ich mich erst einmal entspannen. Eure Geschichten waren viel zu aufregend für mein sanftes Gemüt. Ihr könnt ja inzwischen den Abfall einsammeln, der überall am Strand herumliegt. So viel Müll kann ich einer edlen Schatzkiste doch nicht zumuten."

Papierknäuel etc. aus dem Eimer auf den Boden schütten, im Zimmer verteilen, den leeren Eimer in der Mitte stehenlassen.

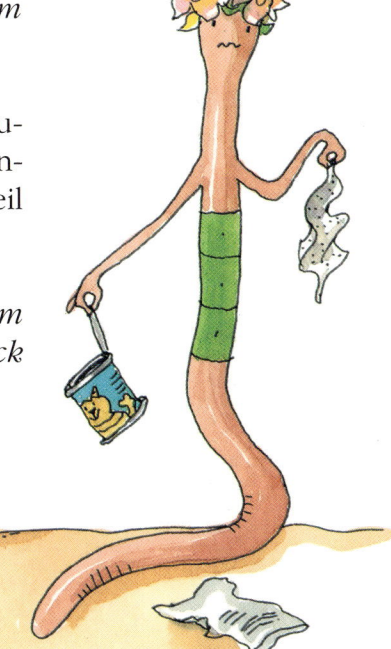

Rufus und Florentina bleibt also nichts anderes übrig, als alles einzusammeln, was rücksichtslose Menschen am Strand fallen- und liegengelassen haben. Wir werden den beiden dabei helfen. Und zwar, weil es so mehr Spaß macht, mit den Zehen!

Mit den Zehen einen Gegenstand fassen und damit auf einem Bein zum Eimer hüpfen, hineingeben, dann zum nächsten Stück „Abfall" laufen, bis alles eingesammelt ist.

„So, jetzt ist der Strand wieder makellos sauber. Willst du nun dein Versprechen einlösen oder nicht?" sagt Rufus.

„Was heißt hier: ,Willst du – oder nicht?' Was man verspricht, muß man früher oder später auch halten. Käpt'n Keck ist bereits sehr spät dran, finde ich", unterstützt Schnecke Florentina ihren Reisegefährten.

„Ihr seid doch wirklich die ärgsten Quälgeister, die ich kenne. Dabei dachte ich immer, wir Klabautermänner wären die schlimmsten!" beschwert sich Käpt'n Keck. Aber dann läuft er doch zum Wasser und läßt sich von den Wellen forttragen.

Nach einer Weile kommt er zurück und schleppt auch tatsächlich eine Kiste an! „Da habt ihr aber seebärenstarkes Glück gehabt, daß doch eine Schatzkiste da ist. Soll ich sie öffnen?" fragt er.

Was meinst du, soll er?

„Jaaaa!" schreit Rufus laut.

„Was denn sonst?" meint Schnecke Florentina. Sie ist nämlich schon sehr, sehr neugierig, was in der Kiste drinnen ist.

Käpt'n Keck öffnet den Deckel einen Spalt und blinzelt hinein. „Oh, sie ist leer!" sagt er.

„Glaub ich nicht!" meint Rufus.

„Dann sieh doch selbst nach!"

Rufus läßt sich nicht zweimal bitten.

„Oh, sie ist tatsächlich leer!" bestätigt er dann und ist enttäuscht.

„Das ist doch nicht weiter schlimm, oder?" fragt Käpt'n Keck.

„Ich glaub euch beiden kein Wort!" zweifelt nun auch Florentina und streckt ihren Kopf über den Kistenrand.

„Oh, oh, o-oh!" meint sie, denn auch sie kann nichts darin finden.

„Hihi-hiiii!" kichert der Klabautermann. „Jetzt hab ich euch aber ordentlich drangekriegt, nicht wahr?"

Rufus und Florentina bekommen beide ganz große Glubschaugen und sehen Käpt'n Keck fragend an.

„Diese Piratenschatzkiste ist bis oben vollgestopft mit dem allergrößten Schatz, den es überhaupt gibt: mit schönen Erinnerungen und Träumen. Ihr könnt sie nur nicht sehen, weil es nicht die euren sind. Aber weil ihr so wild auf die Kiste seid, schenke ich sie euch. Ihr könnt sie mit nach Hause nehmen und mit euren eigenen schönen Erinnerungen füllen. Ist das ein Angebot?"

„Jaaaa!" rufen Rufus und Florentina wie aus einem Mund.

„Ich glaube, jetzt habe ich euch lange genug belästigt. Muß wieder auf meinem Schiff nach dem Rechten sehen", sagt Käpt'n Keck.

„Mach's gut!" sagt Rufus, und Florentina hängt dem Klabautermann zum Abschied ihre Blütenkette um den Hals.

Jedes Kind sucht seinen Partner, von dem es zu Beginn die Blütenkette bekommen hat. Nun wird – zum Abschied – wieder getauscht, so daß nun jeder seine eigene Kette zurückbekommt.

„Ich hab auch Sehnsucht nach daheim", meint Florentina.

„Ich auch", gesteht Rufus. „Aber zur Erinnerung hole ich rasch noch eine besonders schöne Muschel und lege sie in unsere Schatztruhe."

Genau dort, wo die schönste Muschel liegt, liegt auch ein Blatt aus einem Reisekatalog. Es zeigt eine Wiese und einen Wald. Genau dazwischen steht ein Himbeerstrauch, unter dem eine Spitzmaus hockt.

„Was für ein Zufall", ruft Rufus, und fängt schon an, sich durch das Blatt durchzufressen.

Wir machen ebenfalls Kaubewegungen mit dem Mund.

Schnecke Florentina, die von Natur aus ein wenig langsam ist, folgt bald nach.

Flip springt auf. „Nun, wie war die Reise?" erkundigt sie sich. Klar, daß sie wenig später an dem Bericht der beiden Hawaii-Urlauber wieder etwas zum Spötteln findet:

„Dem Rufus zeigt Klabautermann
wie man toll klabautern kann.
Schenkt eine Kiste ihm vom Müll,
damit er sie mit Träumen füll'."

„Hahaha! Ist das nicht zum Totlachen?" fügt Flip noch hinzu. Um zu zeigen, wie komisch sie die Sache mit der Piraten-Erinnerungs-Schatzkiste findet, schlägt sie ein Rad nach dem anderen.

Voller Übermut – bis, ja, bis sie schließlich ausrutscht und auf die Nase fällt. Verschämt blickt sie um sich, denn sie erwartet, daß nun sie diejenige ist, die ausgelacht wird. Doch Florentina ist längst in ihrem Haus verschwunden und Rufus ist sehr beschäftigt. Er poliert seine Kiste blank. Damit seine Erinnerungen und Träume nicht trübe und schmuddelig werden, wenn er sie darin aufbewahrt.

Hast du Lust, eine Erinnerungs-Schatzkiste zu basteln?
Du brauchst dazu:

> *einen Schuhkarton*
> *Buntpapier oder bunte Zeitungsausschnitte*
> *Schere, Klebstoff*

Den Deckel des Kartons überklebst du mit einem Bild, das du aus verschiedenfarbigem Buntpapier ausgeschnitten oder herausgerissen hast (z. B. Blumen, Haus mit Garten, ein Tier…). Oder du schneidest aus Illustrierten Fotos von Blumen, Landschaften, Tieren etc. aus und klebst sie auf den Deckel. Besonders strapazierfähig wird der Deckel deiner Schatzkiste, wenn du ihn anschließend mit selbstklebender Klarsichtfolie überziehst. Vielleicht kann dir dabei jemand helfen.
Nun kannst du die Schatzkiste mit Erinnerungsstücken füllen.

Noch ein Tip:
Wie wär's mit einer selbstgezogenen A n a n a s p f l a n z e zur Erinnerung an die Reise nach Hawaii?
Alles, was du dazu brauchst, sind: Blumentopf, etwas Erde, eine frische Ananas. Nimm den Blumentopf und fülle ihn mit Erde. Laß dir von einem Erwachsenen den Blätterschopf von der Ananas abschneiden und pflanze ihn in den Topf. Er wird schon bald Wurzeln fassen und zu einer exotischen Grünpflanze heranwachsen. Regelmäßig gießen!

70

Wer hat den König der Tiere entführt? –
Rufus in Afrika

Wir benötigen:
2 Holzstäbe (oder Kochlöffel)
1 Würfel
1 Spielfigur (oder Knopf) pro Kind
1 Topf
1 Handvoll Erdnüsse (nicht ausgelöst)
1 leeren Joghurt-Becher pro Kind
Tücher (um die Augen zu verbinden)

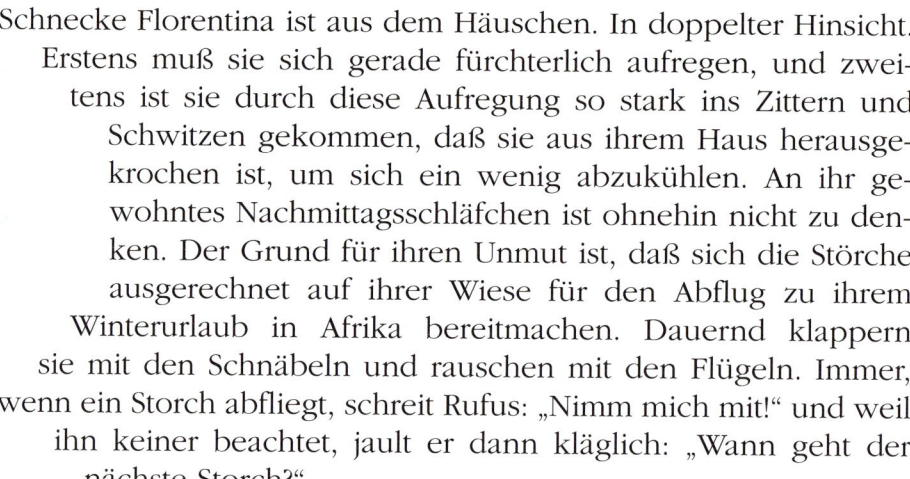

Schnecke Florentina ist aus dem Häuschen. In doppelter Hinsicht. Erstens muß sie sich gerade fürchterlich aufregen, und zweitens ist sie durch diese Aufregung so stark ins Zittern und Schwitzen gekommen, daß sie aus ihrem Haus herausgekrochen ist, um sich ein wenig abzukühlen. An ihr gewohntes Nachmittagsschläfchen ist ohnehin nicht zu denken. Der Grund für ihren Unmut ist, daß sich die Störche ausgerechnet auf ihrer Wiese für den Abflug zu ihrem Winterurlaub in Afrika bereitmachen. Dauernd klappern sie mit den Schnäbeln und rauschen mit den Flügeln. Immer, wenn ein Storch abfliegt, schreit Rufus: „Nimm mich mit!" und weil ihn keiner beachtet, jault er dann kläglich: „Wann geht der nächste Storch?"

Selbst dem sonst so geduldigen Oliver Eule wird das Getue langsam zu bunt und er plärrt: „Ruhuuu! Ruhuuu!" Das hört sich dann so an:

In verteilten Rollen alle diese Geräusche nachmachen:
klapp-klapp-klapp (ein Kind schlägt die beiden Kochlöffel gegeneinander, die anderen Kinder klatschen im Takt dazu in die Hände)
sch-sch-sch-sch (Flügelrauschen)
„Nimm mich mit!" (schreiend)
„Wann geht der nächste Storch?" (jammernd)
„Ruhuuu! Ruhuuu!" (sehr gequält)

So, jetzt weißt du, warum Schnecke Florentina derart aus dem Häuschen ist. Das heißt – etwas fehlt noch: Spitzmaus Flip, die natürlich wieder ein Gedicht zur aktuellen Lage verfaßt hat. Sie läßt sich gar nicht erst bitten es vorzutragen, sondern schmettert gleich ungebeten drauflos:
„Wer quengelt hier und drängelt dort?
Wer will in einem fort nur fort?
Wen hört man voller Fernweh säuseln,
bis sich unsre Nerven kräuseln?"
Zum Glück erhört wenigstens Knickebein, der allerletzte Storch, Rufus' Flehen und bugsiert ihn mit seinem Schnabel auf den Rücken. Möchtest du Rufus zu seinem Winterurlaub in Afrika begleiten? Dann flieg doch einfach hinter seinem Storch her!

Auf einem Bein stehend den Oberkörper vorbeugen, das andere

Bein waagrecht nach hinten strecken, Arme zur Seite strecken und wie Flügel heben und senken.

Schon geht es aufwärts. Hoch über den Dächern fliegen wir über Felder, Wiesen und Seen. Schließlich landen wir mit den Störchen mitten auf dem schwarzen Kontinent, wie Afrika auch noch genannt wird. Wir sind ein wenig erschöpft und lassen uns zu Boden fallen.

Bequem auf den Boden legen.

„Schon müde? Von d e m bißchen Fliegen? Das gibt's doch gar nicht!" staunt Knickebein, unser Storch. „Dabei wollte ich euch noch auf eine Fotosafari in den Busch einladen und euch dem König der Tiere vorstellen!"
„Fotosafari? König der Tiere? Weißt du, was? Ich bin überhaupt nicht mehr müde!" behauptet Rufus und springt auf.

Alle springen auf.

„Erfreulich. Sehr erfreulich. Dann kann's also losgehen!" meint Knickebein und flattert voran. Allerdings ist eine Safari im afrikanischen Busch ganz schön beschwerlich und keineswegs ungefährlich. Es kommt vor, daß Rufus versehentlich einem der riesigen Tiere über die Zehen kriecht. Dann erschrickt er jedesmal gewaltig und läuft zurück. Andere Tiere wiederum helfen ihm über Hindernisse wie Dorngestrüpp, Bäche und Schluchten hinweg, indem sie ihn ein Stück auf dem Rücken tragen.
Was auch kommt, wir versuchen, ihm dicht auf den Fersen zu bleiben. Wer ist als erster bei der Höhle des Löwen?

Das Safari-Spiel spielen. Der Spielplan befindet sich auf der Innenseite des Buchdeckels hinten. Es wird einfach reihum gewürfelt. Wer auf ein Feld mit einem Tiersymbol kommt, muß dem Pfeil auf- oder abwärts folgen. Das Ziel soll genau erwürfelt werden.

Als Rufus und Knickebein neugierig ihre Köpfe in die Höhle des Löwen stecken, erleben sie eine Überraschung: Der Thron ist leer, der Löwe spurlos verschwunden!

„Was ist denn das?" fragt Rufus und zeigt dem Storch einen beschriebenen Zettel, den er in einer Ecke gefunden hat.

„WEGEN ENTFÜHRUNG DERZEIT KEINE SPRECHSTUNDEN!" entziffert Knickebein das Gekritzel.

„Hilfe! Man hat unseren König entführt! Hi-ilfe!" kreischt er. „Wir müssen die Nachricht überall verbreiten. Aber rasch! Wir dürfen keine Zeit verlieren!"

„Wenn jeder in eine andere Richtung läuft, verirren wir uns doch!" wendet Rufus ein.

„Du sollst auch nicht weglaufen. Wir benützen das Buschtelefon!"

„Buschtelefon?"

„Ja. Eine Trommel."

Das Problem ist nur: Rufus und Knickebein finden keine. Doch da entdecken sie plötzlich einen Schimpansen, der aus einem alten Topf Erdnüsse nascht.

„Das ist genau das, was wir brauchen. Gestatten?" sagt Knickebein.

„Das ist ein Topf, den könnt ihr nicht rauchen. Und Krawatten hab' ich auch keine", entgegnet der Schimpanse.

„Mir scheint, unser haariger Freund hört ein bißchen schlecht", sagt Knickebein zu Rufus. Aber für lange Erklärungen ist jetzt keine Zeit. Also zieht der Storch den Topf mit seinem Schnabel zu sich und Rufus leert ihn aus. Der Schimpanse fährt dazwischen und holt sich sein Eigentum zurück.

„Du kriegst ihn gleich wieder. Wir müssen nur rasch telefonieren" krächzt Knickebein verzweifelt und nimmt ihm das Ding wieder weg.

„Das laß ich nicht zu. Mit meinem Topf dürft ihr nicht spionieren!" erwidert der Schimpanse gereizt und will ihn wieder an sich reißen. Doch Knickebein steht bereits darauf und trommelt mit seinem Schnabel die schreckliche Botschaft in die Wildnis.

Ein Kind trommelt in einem bestimmten Rhythmus mit den Händen auf den Topf, die anderen trommeln im gleichen Takt auf den Boden oder klatschen in die Hände.

Der Schimpanse ist sichtlich erleichtert. „Ach so, ihr wollt nur spielen!

Warum habt ihr das nicht gleich gesagt? Ich weiß noch viel lustigere Spiele, zum Beispiel…"

„Leider haben wir keine Zeit. Wir müssen den König suchen!" erläutert Rufus.

„Ach ihr wollt ein wenig Kuchen! Schade, hab' ich nicht. Aber Erdnüsse, die kann ich euch anbieten. Seht her. Ihr müßt sie nur fangen!" sagt der Schimpanse.

Knickebein und Rufus geben sich geschlagen. Immerhin, die Nachricht ist durchgegeben. Alle Tiere wissen Bescheid und können inzwischen mit der Suche beginnen. Warum sollten Rufus und Knickebein nicht eine kurze Pause einlegen und mit dem Affen spielen?

Je zwei Kinder werfen und fangen mit ihren Bechern eine Erdnuß. Wenn sie zu Boden fällt, kommt die nächste dran.
Am Ende sind keine Erdnüsse mehr in der Schüssel, aber viele liegen am Boden verstreut, weil sie nicht aufgefangen worden sind.
Den Kindern die Augen verbinden und sie die restlichen Erdnüsse suchen lassen.
Danach wird gerecht aufgeteilt: Jeder bekommt gleich viele.

Endlich läßt uns der Schimpanse weiterziehen.
Wir suchen und suchen, aber vom König der Tiere ist keine Spur zu entdecken. Dabei werden wir immer müder und schläfriger!

Im Kreis gehen, dabei in den Knien einsinken, die Arme baumeln lassen und gähnen.

Da hören wir von weitem ein klägliches Jammern und Winseln.
Es ist ein Elefantenjunges!
„Buhuuu! Buhuuu!" weint es.

Alle weinen eine Weile mit. Aber dann beschließen die Kinder, es aufzuheitern. Gespielt wird in Zweiergruppen: Ein Kind ist der traurige Elefant, das zweite versucht, es zum Lachen zu bringen (z. B. durch Grimassenschneiden), während jemand langsam von 1 bis 10 zählt. Der Elefant soll aber ernst bleiben! Danach werden die Rollen getauscht. Wer gewinnt?

„Warum bist du eigentlich so schrecklich traurig?" erkundigt sich Rufus bei dem Elefantenjungen.

„Es ist – schluchz – weil – schluchz – meine Mama gesagt hat, ich soll dort drüben in der Lehmhütte auf sie warten. Buhuuu! Aber dann ist der – schluchz – Löwe gekommen und hat mich einfach rausgeworfen!" Knickebein wird hellhörig.

„Welcher Löwe?" fragt er.

„Na – schluchz –, der König! Buhuuu!" winselt das Elefantenkind.

„Hast du gehört? Der König! Juhuu!" Rufus quietscht vor Freude.

Was der kleine Elefant ihnen erzählt hat, stimmt. In der Hütte finden Rufus und Knickebein den König, wie er friedlich und ganz allein am Boden liegt und schnarcht.

Die Kinder schnarchen mit.

Rufus kriecht in das Ohr des Löwen. „Was soll das bedeuten? Wo sind deine Entführer?" schreit er hinein.

„Was soll was bedeuten und von welchen Entführern faselst du?" knurrt der Löwe verschlafen. Rufus rennt vor Ungeduld von einem Löwenohr zum anderen. Das kitzelt den König der Tiere so, daß er plötzlich ganz wach ist.

„Ah, verstehe – ihr habt den Zettel in meiner Höhle gelesen. Das mit der Entführung hab ich erfunden. Ich wollte nur einmal so richtig ungestört ausschlafen!"

Rufus ist empört. „Soll das heißen, daß wir ganz unnötigerweise den ganzen Weg gelaufen sind und uns so aufgeregt haben?"

Der Löwe nickt schuldbewußt. „Sieht so aus. Tut mir wirklich leid, aber das konnte ich nicht voraussehen!"

Der Löwe tritt aus der Höhle, um dem Elefantenkind Platz zu machen, das gleich darauf von seiner Mutter abgeholt wird und mit ihr heimwärtstrottet. Da bekommt auch Rufus plötzlich starkes Heimweh.

„Ich will sofort und auf der Stelle nach Hause zurück!" verlangt er.

Knickebein jedoch will hierbleiben.

„Kein Problem. Weil du so eifrig nach mir gesucht hast, schenke ich dir dies hier!" sagt der Löwe und zeigt Rufus eine Straußenfeder. „Das ist eine ganz besondere Feder. Wenn ich sie wegblase, fliegt sie genau dorthin, wohin ich ihr befehle!"

So geschieht es dann auch. Rufus macht es sich auf dem eigenartigen Flugzeug bequem. Der Löwe bläst es weg und schon schwebt und tänzelt die Feder samt Regenwurm durch die Lüfte,…

Im Zimmer umhertänzeln und „schweben".

bis sie schließlich auf der Wiese neben dem Himbeerstrauch zu Boden sinkt.

Wie meistens, wenn es etwas zu sehen gibt, ist Spitzmaus Flip prompt zur Stelle. Sie fängt auch gleich wieder zu dichten an:

„Wer kommt da durch die Luft gesaust,
verdrossen, staubig und zerzaust?
Wer gab sich diesmal keine Blöße
als Detektiv in Mini-Größe?"

„Rufus!" rufen Schnecke Florentina, Oliver Eule und Flip gleichzeitig als Antwort auf Flips Rätselfrage.

Rufus schaut Flip verdutzt an. Irgend etwas ist anders als sonst – aber was? Endlich kommt er dahinter! In dem Vers ist keine Spur von Spott zu finden!

„Was ist bloß in dich gefahren, Flip, bist du etwa krank?" erkundigt sich Rufus besorgt.

„Du hast recht. Ich bin heute nicht ganz in Form. Aber beim nächsten Mal werde ich mir mehr Mühe geben und wieder so ein hinterlistiges, bissiges, stacheliges Gedicht erfinden, wie du es von mir gewohnt bist, das versprech ich dir!"

„Oh nein!" stöhnt Rufus.

„Oh doch!" sagt Flip.

Möchtest du aus der Skizze unten ein Bild machen?

Vorsicht, Sportsfreund! –
Rufus in Australien

Wir benötigen:
1 Luftballon pro Kind (+ einige in Reserve, falls welche platzen)
3 Känguruhs aus Papprollen
2 Schnüre, je ca. 1 m lang
1 Rufus-Kärtchen
1 Stofftier (bei mehreren Kindern: 2 Stofftiere)
1 Bonbon pro Kind (für die „Schnabeltiere" entsprechende Anzahl
der Bonbons an einen 20 cm langen Faden knüpfen)
1 „Bumerang" pro Person (vorher aus Karton laut Vorlage
ausschneiden)
1 Topf

Bumerang:
Für jedes Kind einen Bumerang aus Karton ausschneiden, eine
Verzierung daraufmalen oder einen Sticker aufkleben, damit
die Kinder ihren Bumerang wiedererkennen.

Känguruh:
Vorlage 3 x fotokopieren oder durchpausen, ausmalen, ausschneiden und auf je 1 Papprolle kleben.

Oben wird jede Rolle mit diesem Deckel abgeschlossen. Beiliegende Vorlage kopieren, ausschneiden, die Papprolle in die Mitte stellen und rundherum eine Linie ziehen. Dann den verbleibenden Rand einschneiden und ihn über die Papprolle kleben. (Siehe kleine Skizze)

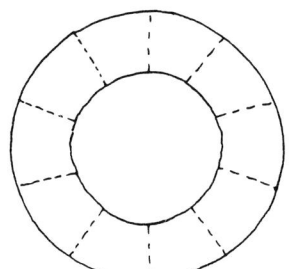

Rufus-Kärtchen:
1 x abzeichnen, auf Karton kleben, ausschneiden

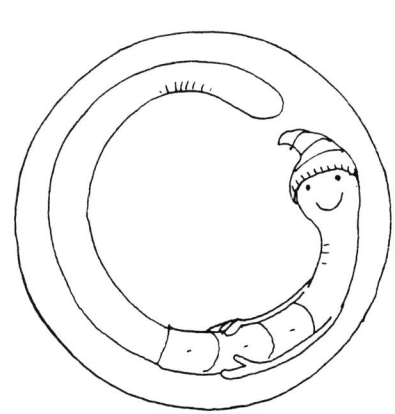

Eines Tages kollert ein seltsames, federleichtes, rundliches Etwas auf die Wiese am Waldrand und tanzt dort übermütig herum.

„Daß sich dieser schamlose Vogel nicht schämt, so beschämend nackt durch die Gegend zu flattern", nörgelt Oliver Eule.

„Aber Oliver, das ist doch kein Vogel, das ist eine Riesenschnecke, die sich vom Wind spazierentragen läßt!" behauptet Schnecke Florentina.

„Unsinn! Eine aufgeblasene Spitzmaus ist es. Sieht doch jeder, der Augen im Kopf hat, die noch halbwegs was taugen! Wahrscheinlich hat sie zu hastig gegessen und dabei zu viel Luft geschluckt", meint Spitzmaus Flip.

Rufus Regenwurm hingegen hat das Ding gleich erkannt.

„Habt ihr noch nie einen Luftballon gesehen, ihr Schlauberger?" fragt er, und hat auch schon eine Idee, was er mit dem Ding anfangen könnte.

„Ich hänge mich einfach unten an und lasse mich überraschen, wo er mich hinbringt", verkündete er. „Wer weiß, vielleicht fliegt er mit mir nach Australien zu den Känguruhs. Das wär prima! Dort war ich noch nie!"

Flip, die ein wenig verärgert ist, weil sie so danebengeraten hat, denkt angestrengt nach, ob sie darauf einen Reim machen kann. Schließlich ist es für sie Ehrensache, ihren Ruf als Besserwisserin zu verteidigen.

„Darf ich dir einen guten Rat geben, Rufus?" sagt sie, als sie mit dem Nachdenken fertig ist.

„Nein", antwortet Rufus.

„Das freut mich aber", fährt Flip unbeirrt fort. Sie hat Rufus nämlich überhaupt nicht zugehört.

„Die Koalas in den Bäumen
laß vom Eukalyptus träumen.
Auch Schnabeltier und Kakadu
plus Känguruh laß bloß in Ruh!"

plappert sie munter drauflos.

Rufus hat ohnehin nicht vor, andere Tiere zu stören. Aber aus der Nähe kennenlernen und beobachten möchte er sie rasend gern.

Er klammert sich also an dem Luftballon fest und – wird auch schon in die Höhe gewirbelt.

Luftballon hochhalten und sich rasch einige Male im Kreis drehen.

Rufus Regenwurm hat unwahrscheinliches Glück. Denn, wo glaubst du, setzt ihn der Ballon ab? In… (Australien). Ganz genau, wie er es sich gewünscht hat, und zwar mitten im australischen Busch.

„Kookaburra, Kookaburra!" ruft da etwas über ihm.

„Was sagst du?" fragt Rufus.

„Kookaburra. Und ich sag's, weil das mein Name ist. Ist er nicht?" Rufus wird neugierig. Einen Kookaburra hat er noch nie gesehen. Was das wohl sein mag? Er reckt und streckt den Kopf in die Höhe, kann aber nichts sehen.

Das geheimnisvolle Tier ist in einer Baumkrone versteckt. Aber auch der Kookaburra ist neugierig geworden und hüpft näher.

„Himmel, was für einen appetitlichen Wurm schickt mir da mein Schicksal?" freut er sich.

„Oh, was für ein schöner Vogel du bist!" ruft Rufus bewundernd aus. Dann zuckt er zusammen. Es ist das Wort „appetitlich", das ihn stört. Er findet, es hat einen irgendwie unangenehmen Beigeschmack.

„Wie meinst du das?" fragt er daher vorsichtig.

„Daß du… ungeheuer geschmackvoll aussie-, äh, ich meine, gekleidet bist", lautet die Antwort.

Rufus ist überhaupt nicht gekleidet. Er will den komischen Vogel darauf hinweisen, überlegt es sich dann aber. „Vielleicht sehen Kookaburras schlecht", denkt er.

Der Vogel hat indessen gute Lust, sich Rufus schmecken zu lassen, beschließt aber, den Genuß noch ein wenig in die Länge zu ziehen. Vorfreude ist schließlich die schönste Freude.

„Wunderbarer Tag heute, ist es nicht?" sagt er deshalb so beiläufig wie möglich.

„Oh ja!" bestätigt Rufus und lächelt Koobakurra an.

„Delikat, delikat", stellt dieser fest. Rufus schaut verunsichert zu ihm hoch.

„Ich meine die sportlichen Wettkämpfe, die heute nachmittag hier ausgetragen werden sollen. Jeder möchte gewinnen und jeder ist zutiefst beleidigt, wenn es ihm nicht gelingt. Eine sehr delikate Angelegenheit, wirklich sehr delikat!" redet sich Kookaburra heraus.

Aber das mit den Wettkämpfen stimmt. Von allen Seiten treffen Teilnehmer und Zuschauer ein.

„Wer spielt eigentlich was gegen wen?" erkundigt sich Rufus.

„Die geschicktesten Koalabären treten gegen die flinksten Känguruhs an, die rasantesten Ameisenigel gegen die schlauesten Schnabeltiere. Aber ich glaube kaum, daß dich das interessiert, denn du wirst nichts davon zu sehen bekommen. Wirst du nicht."

„Oh doch, Sport interessiert mich brennend!" widerspricht Rufus.

„Brennend ist gut", meint Kookaburra.

Eigentlich wollte er Rufus gleich roh verspeisen, aber

der Gedanke, ihn ein wenig in der Sonne schmoren zu lassen, gefällt ihm.

Immer mehr Tiere des Waldes nehmen am Rand der Lichtung Platz, die als Wettkampfarena dient.

Allmählich bekommt Kookaburra Angst, daß ihm jemand den Leckerbissen vor dem Schnabel wegschnappen könnte. Er fliegt vom Baum herunter und setzt sich ganz nah neben Rufus. „Laß mich dein Schicksal sein", flötet er leise.

„Du sprichst in Rätseln. Was willst du eigentlich von mir?" fragt Rufus, dem nun ziemlich unbehaglich wird.

Da hält es der Vogel nicht mehr aus. „Also, um es kurz zu machen: Ich hab dich zum Fressen gern! Ja, das hab ich dich! Wir wollen es rasch hinter uns bringen. Wollen wir."

„Wollen wir nicht!" schreit Rufus voller Angst, denn endlich hat er begriffen, worum es geht.

Flink hüpft er von Kookaburra weg, nimmt Anlauf und springt in den Beutel eines Känguruhs, das gerade vorbeistolziert. Doch Kookaburra hat ihn dabei beobachtet und stürzt sich auf ihn. Zu dumm! Rufus entwischt gerade noch und springt in den Beutel eines anderen Känguruhs. Kookaburra holt ihn ein. Zu dumm! Wieder kann Rufus Regenwurm in letzter Sekunde entkommen und sich im Beutel eines dritten Känguruhs verstecken. Leider bleibt Kookaburra ihm immer dicht auf den Fersen und so hüpft Rufus in seiner Not ständig von einem Känguruh zum anderen.

Ein Erwachsener legt das Regenwurm-Kärtchen unter eines der Känguruhs, die vorher gebastelt wurden und verschiebt die Känguruhs. Die Kinder raten, unter welchem Känguruh sich Rufus befindet.

So lang jagt Rufus von Versteck zu Versteck, bis Kookaburra schwindlig wird. Verwirrt und nach Luft japsend sitzt er auf dem Boden. Das gibt Rufus endlich Gelegenheit, sich aus dem Staub zu machen. Er versteckt sich unter einem Stein und kann nun in Ruhe die Wettkämpfe beobachten.
Dingo, der Wildhund, betritt die Arena. Er stellt sich auf die Hinterpfoten, worauf die Zuschauer Schnattern, Quietschen und Geplapper jeder Art einstellen.
„Huuiii!" jault Dingo, „mit diesem Heulton erklärte ich die heurigen Busch-Wettkämpfe für uff-wuff- eröffnet!"

(Bei einer größeren Anzahl von Kindern jetzt zwei Gruppen bilden: die „Känguruhs" und die „Koalas")

„Als erstes steht das Langstreckenhüpfen der Känguruhs auf dem Programm", verkündet Wombat, der Spielleiter.

Start und Ziel, die ca. 5 m auseinanderliegen sollen, durch zwei Schnüre festlegen. Bei mehr als einem Kind treten immer zwei Wettkämpfer gegeneinander an. Aus der Hocke heraus hüpfen und wieder in die Hocke gehen, usw. Wer ist als erster am Ziel?

„Die Koalas bitte in die Arena!" ruft Wombat. „Gleich beginnt der Baby-Huckepack-Lauf".

Wieder laufen je zwei Kinder gleichzeitig. Sie setzen sich ihre Stofftiere in den Nacken und sollen nun möglichst rasch auf allen Vieren vom Start zum Ziel gehen. Aber Achtung! Wer sein „Baby" dabei verliert, scheidet aus! Ansonsten gewinnt, wer als erster das Ziel erreicht.
(Bei mehreren Mitspielern wieder zwei Gruppen bilden: die „Ameisenigel" und die „Schnabeltiere").

„Die Ameisenigel werden gebeten, zum Kugelrollen Aufstellung zu nehmen!" sagt Wombat.

Je zwei Kinder machen gleichzeitig drei Purzelbäume hintereinander. Wer ist als erster fertig?

Danach ruft Spielleiter Wombat die Schnabeltiere auf. Wird es ihnen gelingen, beim Geschicklichkeitsfischen an ihre geliebten Leckerbissen zu kommen?

Ein Erwachsener nimmt zwei Bonbons, hält mit jeder Hand eines am Ende des Fadens fest und läßt es daran baumeln, allerdings so hoch, daß die Kinder die Bonbons gerade erreichen können, wenn sie springen.
Je zwei „Schnabeltiere" müssen nun versuchen, die „Fische" mit dem Mund zu erhaschen. Bei einem Kind nur ein Bonbon baumeln lassen.

Zum Abschluß findet das Bumerang-Wettwerfen statt, an dem alle Wettkämpfer teilnehmen.

Topf („Baumstumpf") mit dem Boden nach oben auf-stellen. Bumerang aus ca. 3 m Entfernung werfen. Sieger ist derjenige, dessen Bumerang entweder oben auf dem Topf oder so nahe wie möglich daneben liegt.

Rufus ist begeistert. „Hoppauf, hoppauf! Hopp und auf den Baumstamm drauf!" feuert er die Wettkämpfer an. Dabei zappelt er vor Aufregung hin und her und merkt gar nicht, daß er dabei immer weiter aus seinem Versteck hervorkommt.

„Das nenne ich wahren Sportsgeist! Verstecken ist nämlich feige. Ist es nicht?" vernimmt er plötzlich eine bekannte Stim-me neben sich. Kookaburra! Da muß er sich aber rasch etwas einfallen lassen, um den lästigen Vogel abzulenken.

„Ich möchte unbedingt auch Bumerangwerfen lernen. Bringst du es mir bei, wenn ich dich ganz lieb darum bitte?" fragt er daher.

„Kookaburra, kookaburra!" kichert der Vogel. „Du machst aber Witze, machst du nicht? Wozu will einer, der gleich verspeist wird, Bume-rangwerfen können? Kannst du mir das einmal kurz erklären, kannst du? Soll ich dir etwas verraten, soll ich? Ich mag deinen Humor. Ich finde ihn k ö s t l i c h, ja, das finde ich wirklich!" Bei diesen Worten beugt Kookaburra seinen Kopf verdächtig nahe zu Rufus hinunter.

„Ich bin doch nicht so weit von Europa nach Australien gereist, um jetzt im Magen irgendeines dahergeflogenen Vogels mein Leben aus-zuhauchen!" entrüstet sich Rufus. Er nimmt Anlauf, schleudert sich hoch – und landet im Gefieder eines Leierschwanzes.

„Das ist kein faires Spiel, das du da mit mir treibst, ist es nicht! Aber warte, ich krieg dich noch!" schimpft Kookaburra. Doch er täuscht sich. Rufus hockt nämlich an einer besonders kitzligen Stelle des Leierschwanzes. „Tirilili-ui-tirilala!" heult der Vogel auf wie eine Trillerpfeife. Er hopst und tänzelt, um Rufus abzuschütteln.

Weil ihm das nicht gelingen will, fängt er an zu laufen und läuft und läuft… und läuft direkt an dem Luftballon vorbei, der Rufus hergebracht hat. Rufus Regenwurm springt ab und klammert sich am Ballon fest.

„Ah", seufzt er erleichtert. Denn nun steht einer glücklichen Heimfahrt nichts mehr im Wege.

Ein Wirbelwind bläst ihn in die Höhe und weiter, immer weiter,…

Luftballon hochhalten und sich einige Male damit rasch im Kreis drehen.

bis er schließlich wieder auf seiner Wiese unter dem Himbeerstrauch ankommt.

„Schnuff, das war knapp", stöhnt Rufus Regenwurm, und ringelt sich erschöpft zusammen. Spitzmaus Flip, hilfsbereit wie immer, eilt herbei, streicht sanft mit ihrer Pfote über seinen Kopf und beschließt, ihn mit einem Gedicht aufzumuntern:

„Seht Rufus, wie er keucht und fleucht
und mir total das Herz aufweicht.
Der Sport, so scheint's, birgt viele Plagen
für ältre Herren, die gern klagen."

Aber Rufus hat im Augenblick keine Sehnsucht nach Kunst oder dem, was Flip dafür hält, sondern nach Oliver Eule.

„Oliver, wo steckst du? Komm her und laß dir die Kralle küssen! Ach, Oliver, Freund eines Regenwurms, du bist ein ganz besonderer Vogel. Ich danke dir, daß du nie daran gedacht hast, mich zu verspeisen!" sprudelt es aus Rufus heraus, nachdem er eine Weile verschnauft und Flip über den wahren Sachverhalt aufgeklärt hat.

„Nichts zu danken", wehrt Oliver bescheiden ab, „ehrlich gestanden, es ist nicht so, daß ich nie daran gedacht hätte. Aber immer, wenn ich daran denke, fällt mir ein, daß ich mir als Kind an einem von deiner Sorte den Magen verdorben habe."

„Das ist also der Grund!?" sagt Rufus enttäuscht.

„Uhuuu", bestätigt Oliver. „Aber nicht der einzige. Es gibt noch einen und der ist, daß du ein ganz besonderer Regenwurm bist!"

„Oh! Findest du wirklich?"

Oliver nickt. „Oh!" wiederholt Rufus, sein Gesicht wird rot wie eine Tomate. Er läßt sich rasch in sein Erdloch fallen, damit keiner es merkt.

Diese Tiere kommen nur in Australien vor!
Möchtest du das Bild ausmalen oder nachzeichnen?

Känguruh

Ameisenigel

Dingo

Wombat

Leierschwanz

Kookaburra

Schnabeltier

Koala

Greif doch nach den Sternen! –
Rufus im Weltall

Wir benötigen:
Wasserfarben
1 kleinen Zettel pro Kind
1 Korken
1 Stuhl pro Kind als Rakete (bei mehreren Kindern hintereinander in einer Reihe aufgestellt.)
Seifenblasen
1 Blatt Papier pro Kind
1 Sterntaler pro Kind (vorbereiten und vor Beginn der Geschichte verstecken.)
1 Kanne Milch und für jedes Kind einen Becher

Sterntaler:
Auf ein kleines Stück Karton gelbe oder goldfarbene Folie oder Buntpapier kleben. Auf der Rückseite einen Stern (Durchmesser ca. 3 cm) zeichnen, den Linien entlang ausschneiden.

Seifenblasen:
In einen leeren Joghurt-Becher etwas Geschirrspülmittel und gleich viel Wasser gießen. Einen Teelöffel voll Zucker dazugeben, gut verrühren. An einer Wäscheklammer einen Schlüsselring befestigen (oder eine große Büroklammer, zu einem Ring gebogen). Eintauchen, sachte wegblasen, fertig!

Heute ist eine jener dunkelblauen, lauen Vollmondnächte, die viel zu schön sind, um sie zu verschlafen. So jedenfalls denkt Rufus Regenwurm. Er klettert auf das allerhöchste Blatt seines Himbeerstrauches und reckt und streckt sich.

Auf die Zehenspitzen stellen und die Arme strecken, so hoch es geht.

Strahlend himmelt er den prallen Mond an und der Mond strahlt zurück. „Ha", seufzt Rufus, und: „Ach! Wie soll ich es nur anstellen, um zu meinen Freunden da oben zu gelangen?" Kaum hat er das gedacht, als mit einem fürchterlichen Getöse auf der Wiese nebenan ein riesiges stählernes Ungetüm landet.

Das Geräusch einer Rakete bei der Landung nachahmen.

Rufus erschrickt so sehr, daß er von seinem Himbeerblatt fällt, auf Schnecke Florentinas Haus plumpst und von dort zu Boden rutscht.
„Oho, es strauchelt da im Strauch
Wurm Rufus, und liegt platt am Bauch.
Wer nächtens in das Weltall lallt,
braucht sich nicht wundern, wenn es knallt!"
ätzt Flip, die Spitzmaus, die ihn schon geraume Zeit beobachtet.
„Du spottest über mich?" beklagt sich Rufus.
„Na, ist doch wahr: so verzückt-entrückt hab ich dich schon lange nicht gesehen. Bist du etwa krank?"
„Krank? Oh ja! Ich glaube, ich leide an der Mond- und Sternensucht. Und wie ich leide!"
Durch Rufus' Sturz ist Schnecke Florentina wach geworden.
„So was, so was!" grummelt sie, „ich dachte immer, dieser Ort wäre ein Ort, an dem man ungestört sein Nickerchen halten könnte."
„Nicht in einer solch zauberhaften Nacht, in der es Regenwürmer und Raketen regnet", antwortet Spitzmaus Flip.
„Weltraumbusse", korrigiert ein seltsames, außerirdisches Wesen, das plötzlich neben den drei Freunden steht. „Das hier" – es zeigt auf die Rakete –, „ist ein Weltraumbus und ich bin Astrofix, der Pilot. Ihr habt mich gerufen?"
„Nei-nein. Si-sicher nicht. I-ich ganz bestimmt nicht", piepst Flip kleinlaut.

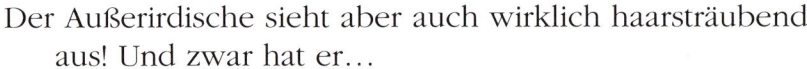

Der Außerirdische sieht aber auch wirklich haarsträubend aus! Und zwar hat er…

Die Kinder schildern, wie sie ihn sich vorstellen.

„Geh nicht mit ihm, der ist so unheimlich", wispert Flip Rufus zu.
„Ich kann mich zwar nicht erinnern, dich gerufen zu haben. Aber eine kleine Stern- und Mondfahrt würde ich schrecklich gerne machen", sagt Rufus Regenwurm mutig.
Wollen wir ihn begleiten?
Im Inneren der Rakete führt eine Wendeltreppe zu den Sitzen.

Im Kreis gehen und dabei die Knie hochziehen wie zum Stiegensteigen.

Vor dem Abflug dürfen wir natürlich nicht vergessen, einen Weltraumfahrschein zu lösen.

Korken in die Farbe drücken und damit die kleinen Zettel stempeln.

„Bitte Türen schließen, Platz nehmen und anschnallen", ertönt die Stimme von Astrofix über den Lautsprecher.

Auf die Stühle setzen.

„Zehn, neun, acht, sieben, sechs, fünf, vier, drei, zwei, eins,… S T A R T !" ruft der Pilot.
Und schon hebt der Weltraumbus ab: Surr, surr, surrrr!

Das Surren des Raketenmotors nachahmen.

Der Start verläuft ohne Probleme. Gleich danach informiert Astrofix über den Lautsprecher seine Passagiere: „Herzlich willkommen an Bord, meine Damen und Herren! Wie Sie vielleicht wissen – oder auch nicht –, ist unsere erste Station der Mars. Von dort geht es zum Saturn und weiter, über die Milchstraße, an der Sonne vorbei zum Mond. Wer will, kann dort in den Großen Wagen umsteigen. Anschließend kehren wir zur Erde zurück. Ich wünsche Ihnen eine angenehme Reise!"
Das Raumschiff fliegt schneller als Lichtstrahlen und Astrofix setzt daher bald wieder zur Landung an. „Alle aussteigen!" ruft er.

90

Alle stehen auf.

Draußen begrüßt ein Marsbewohner die Gäste. Er lächelt freundlich und winkt mit seinen vier Armen. Sein Körper hat die Form eines Fernsehapparates. Auf dem Bildschirm sieht man sein Inneres: Schrauben, Knöpfe, Spiralen und Rohre.
„Ihr seid sicher gekommen, um einen Koffer voll Träume zu holen", meint er und schnippt mit den Fingern.

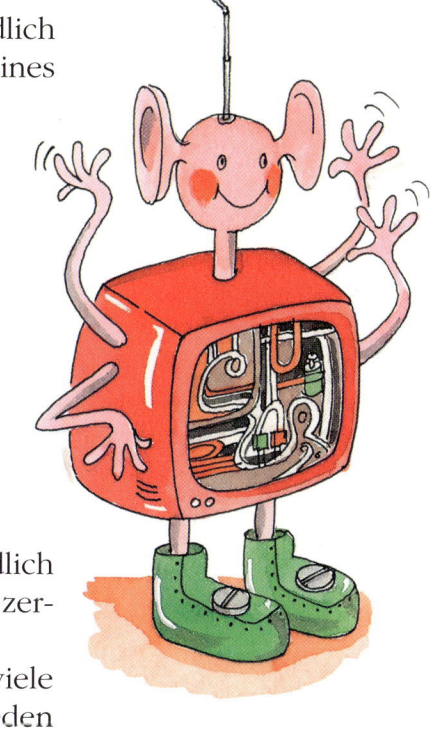

Auch mit den Fingern schnippen.

Dann öffnet er den Mund und bläst viele schillernde, gläserne Kugeln heraus.

Seifenblasen erzeugen.

„Bitte sehr: lauter kunterbunte, kugelrunde Träume. Selbstverständlich gratis und vogelfrei, wie immer. Aber Achtung: Sie sind sehr zerbrechlich!"
Wir bedanken uns für das großzügige Geschenk, packen so viele Träume wie wir auffangen können in den Koffer und verabschieden uns.

Seifenblasen einfangen.

Das freundliche Wesen vom Mars stempelt noch die Fahrkarten. Dann besteigen wir wieder unsere Rakete.

Auf die Stühle setzen.

Und weiter geht die Reise. Zum Saturn. Das ist ein riesiger Planet, mit einem Ring rundherum. Rufus möchte unbedingt einen Rundgang um diesen Ring machen. Wir auch!

Im Kreis mit ganz großen Schritten mehr springen als gehen – wegen der Schwerelosigkeit!

Plötzlich stehen wir vor einem Schild: „SA-TURNPLATZ" steht darauf. „Logisch, am Sa-turn läßt sich's gut turnen", ruft Rufus erfreut aus.

Turnübungen machen, die die Kinder vorschlagen (z. B.: Purzelbaum, „Kerze", „Schubkarren" = auf Händen gehen, während ein Erwachsener oder ein anderes Kind die nach hinten gestreckten Beine an den Füßen hält).

Dann markieren wir unseren Weltraumfahrschein an einem Automaten…

Stempeln wie vorher.

und kehren in die Rakete zurück. „Surrr"…

Motorengeräusch nachahmen.

und da sind wir auch schon mitten auf der Milchstraße gelandet. Wir wollen uns hier noch rasch eine große Kanne Milch besorgen. Im Nu sind wir von einer Schar übermütiger, kichernder Sternenmädchen und -jungen umringt.
„Waaas – so eine weite Reise für eine Kanne voll Milch. Wozu denn das????" fragt eines der Sternenmädchen.
„Weil Milch von der Milchstraße eben am allerfeinsten schmeckt", ist Rufus überzeugt.
„Na schön, jedem das Seine. Bedient euch. Bei uns gibt es Milch in Hülle und Fülle", antwortet das Sternenkind.

Jedes Kind bekommt seinen Becher mit Milch vollgeschenkt.

„Erzeugt man bei euch keine anderen Produkte daraus?" fragt Rufus. Die Sternenkinder sind verwundert und kichern: „Nein – was kann man denn mit Milch anderes machen, als sie trinken oder sich darin baden?" erkundigen sie sich.
„Eine ganze Menge", beteuert Rufus. „Nur leider hab ich vergessen, was."

Vielleicht können die Kinder seinem Gedächtnis auf die Sprünge helfen. Alle Milchprodukte aufzählen, die sie kennen.

Die Sternenkinder staunen. Wir versprechen, ihnen beim nächsten Besuch einige Kostproben mitzubringen. „Fein", jubeln sie. „Wir haben übrigens auch eine Überraschung für jeden von euch: einen Sterntaler. Nur geht es uns leider ähnlich wie Rufus – wir haben vergessen, wo wir sie hingelegt haben. Ihr müßt sie suchen!" Die Sternenkinder kichern verschmitzt. Wahrscheinlich haben sie unsere Sterntaler absichtlich versteckt! Macht nichts. Wir tun ihnen gerne den Gefallen, danach zu suchen.

Sterntaler suchen.

Bald haben wir alle Sterntaler gefunden. Wir bekommen auch hier auf der Milchstraße einen Stempel auf unsere Fahrkarte gedrückt und treten dann die Weiterreise an: „Surrrr!"

Stempeln wie vorher, in die „Rakete" steigen, Motorengeräusch nachahmen.

Während der Fahrt drehen wir unser Blatt Papier zu einer Tüte. Unsere letzte Station ist nämlich der Mond. Wir steigen aus – und schweben. Denn am Mond gibt es keine Schwerkraft. Dadurch kommen wir sehr rasch vorwärts.

Ganz lange Schritte machen.

Am Rand eines Kraters bleiben wir stehen und füllen unsere Tüte mit Mondstaubzucker.

Entsprechende Handbewegungen machen.

„Entdecken Sie neue Galaxien! Steigen Sie um in den Großen Wagen!" ertönt Astrofix' Stimme aus dem Lautsprecher.
„Nein, danke. Jetzt freu ich mich schon auf zu Hause. Ob ihr es glaubt oder nicht – ich bin müde, sehr, sehr mü-ü-üde!! So ein Ausflug ins Weltall ist ganz schön anstrengend", gesteht Rufus und gähnt heftig.

Mit Rufus gähnen.

Astrofix markiert unseren Fahrschein für die Rückreise.

Stempeln wie vorher.

Dann jagen wir mit dem Weltraumbus heimwärts. „Surrr…"

Motorengeräusch nachahmen.

… und landen mit Rufus sanft auf der Wiese, neben dem Himbeerstrauch.
„Lebt wohl!" verabschiedet sich Astrofix und entschwindet in den dunkelblauen Himmel.

Schnecke Florentina schläft so tief und fest, daß sie Rufus' Rückkehr gar nicht bemerkt. Doch Flip ist sofort hellwach. „Du machst mich nervös mit deiner Hin- und Herkrabbelei!" beschwert sie sich.

„Was heißt da Hin- und Herkrabbelei? Ich habe eine Reise zum Mars, zum Saturn, zur Milchstraße und zum Mond gemacht!" erzählt Rufus stolz.

„Bist du schon wieder vom Strauch gefallen oder noch vom ersten Mal so verwirrt?" erkundigt sich Flip mitfühlend, und fährt dann fort:

„Der Vollmond macht meist dusselig

und auch ein wenig schusselig…"

Dann legt sie eine kurze Pause ein, um über den zweiten Teil des Verses nachzudenken. Doch Rufus schlummert bereits friedlich und weil ihr auch sonst niemand zuhört, läßt Flip das Verseschmieden sein und huscht in ihr Mauseloch.

Wie stellst du dir Astrofix vor? Male oder zeichne ein Bild von ihm.

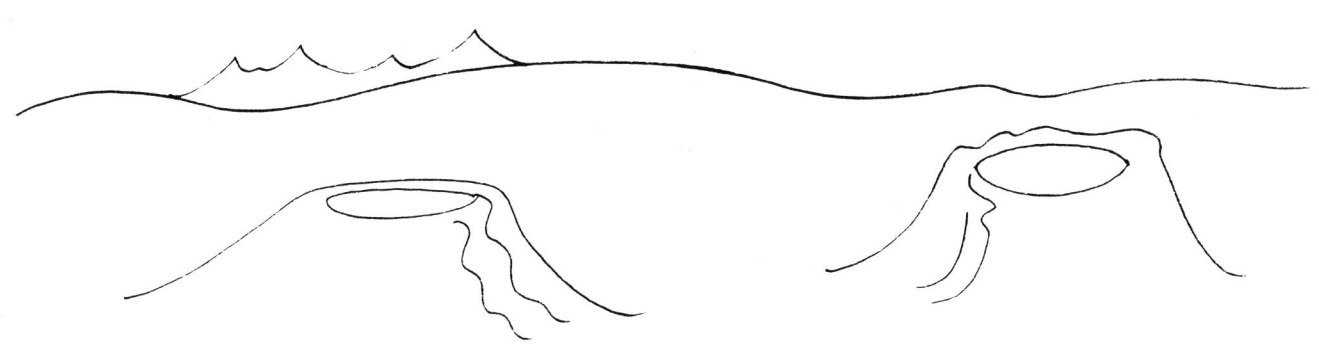